名句中国丛书·捌

草木虫鱼

吴礼权 编著

暨南大学出版社
JINAN UNIVERSITY PRESS

中国·广州

图书在版编目（CIP）数据

草木虫鱼 / 吴礼权编著. —广州：暨南大学出版社，2014.7
（名句中国丛书）
ISBN 978 -7 -5668 -0681 -9

Ⅰ. ①草…　Ⅱ. ①吴…　Ⅲ. ①名句—汇编—中国
Ⅳ. ①H136.3

中国版本图书馆 CIP 数据核字(2013)第 178151 号

出版发行：暨南大学出版社

地　址：中国广州暨南大学
电　话：总编室（8620）85221601
营销部（8620）85225284　85228291　85228292（邮购）
传　真：（8620）85221583（办公室）　85223774（营销部）
邮　编：510630
网　址：http：//www.jnupress.com　http：//press.jnu.edu.cn

排　版：广州良弓广告有限公司
印　刷：佛山市浩文彩色印刷有限公司

开　本：890mm × 1240mm　1/32
印　张：4.75
字　数：111 千
版　次：2014 年 7 月第 1 版
印　次：2014 年 7 月第 1 次

定　价：11.80 元

（暨大版图书如有印装质量问题，请与出版社总编室联系调换）

前　言

吟安一个字，捻断数茎须。（唐·卢延让《苦吟》）

二句三年得，一吟双泪流。（唐·贾岛《题诗后》）

名句，特别是那些历久不衰、传诵不绝的经典名句，既是作者千锤百炼的思想成果，更是中华民族悠久文化的精华之浓缩，很是值得我们仔细玩味。因为我们可以从中汲取有益的精神营养，增加人生智慧，得到为人处世的人生启发，获取精神心灵的慰藉，由此开创我们健康、快乐、积极、向上的美好人生。

工欲善其事，必先利其器。（先秦《论语·卫灵公》）

道虽迩，不行不至；事虽小，不为不成。（先秦《荀子·修身》）

生于忧患，而死于安乐也。（先秦《孟子·告子下》）

大行不顾细谨，大礼不辞小让。（汉·司马迁《史记·项羽本纪》）

临渊羡鱼，不如退而结网。（汉·班固《汉书·董仲舒传》）

成大功者不小苛。（汉·刘向《说苑·政理》）

读一读这些充满哲理睿智的先贤名言，对我们今天如何为人处世，相信会启发多多、获益无穷的。

中国自古便有一句老话："人生不如意事常八九。"现实生活并不是诗词歌赋，更不会事事都充满诗情画意。因此，在现实生活中遭遇种种的人生挫折，那是"司空见惯浑闲事"。假如在人生的道路上遇到挫折，我们是否就此一蹶不振、意志消沉下去呢？

天行健，君子以自强不息。（先秦《周易·乾》）

长风破浪会有时，直挂云帆济沧海。（唐·李白《行路难》）

天生我材必有用，千金散尽还复来。（唐·李白《将进酒》）

读一读先贤的这些经典名言，相信我们定能由此振作起来，重新燃起希望之火，顿起奋发进取之志。

有奋发进取的国民，才会有奋发进取的民族。中华民族之所以生生不息，中华文化之所以源远流长，正是因为我们自古以来就不乏仁人志士。

如欲平治天下，当今之世，舍我其谁也？（先秦《孟子·公孙丑下》）

老骥伏枥，志在千里；烈士暮年，壮心不已。（汉·曹操《步出夏门行·龟虽寿》）

心懔懔以怀霜，志眇眇而临云。（晋·陆机《文赋》）

会当凌绝顶，一览众山小。（唐·杜甫《望岳》）

丈夫贵兼济，岂独善一身。(唐·白居易《新制布裘》)

为天地立心，为生民立命，为往圣继绝学，为万世开太平。(宋·张载《近思录拾遗》)

读一读这些气壮山河、豪迈超逸的传世名言，相信我们每一个人都会由此洞悉中华民族之所以伟大、中华文化之所以渊博的内在原因。

一个民族之所以成为一个民族，那是因为有一种民族精神。中华民族之所以成为中华民族，中华民族之所以在历经无数苦难之后仍然屹立不倒，并不断自强崛起，那是因为中华民族自古以来就有无数以国家天下为己任、舍身报国、爱国忘家的优秀儿女。

路漫漫其修远兮，吾将上下而求索。(先秦·屈原《楚辞·离骚》)

匈奴未灭，何以家为也！(汉·司马迁《史记·卫将军骠骑列传》)

捐躯赴国难，视死忽如归。(三国魏·曹植《白马篇》)

鞠躬尽瘁，死而后已。(三国蜀·诸葛亮《后出师表》)

风尘三尺剑，社稷一戎衣。(唐·杜甫《重经昭陵》)

黄沙百战穿金甲，不破楼兰终不还。(唐·王昌龄《从军行七首》)

先天下之忧而忧，后天下之乐而乐。(宋·范仲淹《岳阳楼记》)

位卑未敢忘忧国。(宋·陆游《病起书怀》)

人生自古谁无死，留取丹心照汗青。(宋·文天祥《过零

丁洋》)

风声、雨声、读书声，声声入耳；家事、国事、天下事，事事关心。(明·顾宪成为无锡东林书院所题联语)

苟利国家生死以，岂因祸福避趋之。(清·林则徐《赴戍登程口占示家人》)

天下兴亡，匹夫有责。(清·顾炎武《日知录·正始》)

读一读上面这些掷地有声的报国誓言、爱国心声，我们不难窥见中华民族之所以能够绵历数千年而生生不息、历久弥新的原因所在。

有爱国之心、报国之志，固然难得；而有治国安邦之才、济世爱民之情，则更为难得。中华民族之所以生生不息，并不断从苦难中站起来，那是因为我们历来不乏治国之能臣、安民之才俊。

居安思危，思则有备，有备无患。(先秦《左传·襄公十一年》)

为之于未有，治之于未乱。(先秦《老子》第六十四章)

仓廪实则知礼节，衣食足则知荣辱。(先秦《管子·牧民》)

政之所兴，在顺民心；政之所废，在逆民心。(先秦《管子·牧民》)

国虽大，好战必亡；天下虽安，忘战必危。(先秦《司马法·仁本》)

家有常业，虽饥不饿；国有常法，虽危不亡。(先秦《韩非子·饰邪》)

公正无私，一言而万民齐。（汉·刘安《淮南子·修务训》）

世不患无法，而患无必行之法。（汉·桓宽《盐铁论·申韩》）

民之所好，好之；民之所恶，恶之。（汉·戴圣《礼记·大学》）

求贤如饥渴，受谏而不厌。（晋·陈寿《三国志·吴书·张纮传》）

服民以道德，渐民以教化。（宋·欧阳修《三皇设言民不违论》）

兼听则明，偏信则暗。（宋·司马光《资治通鉴》载唐太宗语）

为政之要，曰公曰清。（宋·林逋《省心录》）

听一听这些先贤治国安邦的心得，分享他们济世安民的成功经验，今天身为人民公仆的干部一定能从中学习、领悟到不少东西；于其执政能力、行政能力的提高，也会助益多多。

治国安邦之才，经世致用之能，并不是先天所生就，而是要通过后天的学习教育。而今，世界已经进入“知识经济”时代，不接受教育、不读书或者说不会读书，都会被时代淘汰。

学而不思则罔，思而不学则殆。（先秦《论语·为政》）

玉不琢不成器，人不学不知道。（汉·戴圣《礼记·学记》）

学，然后知不足；教，然后知困。（汉·戴圣《礼记·

学记》)

少则习之学，长则材诸位。(汉·班固《汉书·董仲舒传》)

业精于勤荒于嬉，行成于思毁于随。(唐·韩愈《进学解》)

纸上得来终觉浅，绝知此事要躬行。(宋·陆游《冬夜读书示子聿》)

循序而渐进，熟读而精思。(宋·朱熹《读书之要》)

对于“为何学习”、“如何学习”，先哲前贤都提出了精辟的见解。读了上述教诲，相信今天的我们定能“心有戚戚焉”，对学习的意义与学习的方法的认识也会更加深刻的。

其实，先贤留下的名言名句，不仅极大地丰富了我们中华文化，对中国人的思想发展、人生观的确立等有着重要的影响，同时也对中国人心灵的陶冶与精神的慰藉为功不小。

余霞散成绮，澄江静如练。(南朝齐·谢朓《晚登三山还望京邑》)

白日地中出，黄河天外来。(唐·张蠙《登单于台》)

大漠沙如雪，燕山月似钩。(唐·李贺《马诗二十三首》)

大漠孤烟直，长河落日圆。(唐·王维《使至塞上》)

千里莺啼绿映红，水村山郭酒旗风。(唐·杜牧《江南春》)

日出江花红胜火，春来江水绿如蓝。(唐·白居易《忆江南》)

江流天地外，山色有无中。(唐·王维《汉江临眺》)

三山半落青天外，一水中分白鹭洲。（唐·李白《登金陵凤凰台》）

楚塞三湘接，荆门九派通。（唐·王维《汉江临眺》）

疏影横斜水清浅，暗香浮动月黄昏。（宋·林逋《山园小梅》）

烟柳画桥，风帘翠幕，参差十万人家。（宋·柳永《望海潮》）

读一读这些描写塞外、江南自然风光的诗句，相信我们都会油然而生对祖国大好河山的无限热爱之情。

白日依山尽，黄河入海流。（唐·王之涣《登鹳雀楼》）

横空过雨千峰出，大野新霜万叶枯。（唐·耿湋《九日》）

远山芳草外，流水落花中。（唐·司空曙《题鲜于秋林园》）

明月松间照，清泉石上流。（唐·王维《山居秋暝》）

柳色黄金嫩，梨花白雪香。（唐·李白《宫中行乐词八首》）

星垂平野阔，月涌大江流。（唐·杜甫《旅夜书怀》）

春色满园关不住，一枝红杏出墙来。（宋·叶绍翁《游园不值》）

风吹梅蕊闹，雨细杏花香。（宋·晏几道《临江仙》）

蕉叶半黄荷叶碧，两家秋雨一家声。（宋·杨万里《芭蕉雨》）

浮天水送无穷树，带雨云埋一半山。（宋·辛弃疾《鹧鸪天》）

一年湖上春如梦，二月江南水似天。（元·迺贤《次段吉甫助教春日怀江南韵》）

水流曲曲树重重，树里春山一两峰。（清·郑燮《潍县竹枝词》）

读一读这些描写山水花木的诗句，相信我们都会顿生“清风明月本无价，近水远山皆有情”的情感共鸣，在观照自然万物中得到心灵的净化。

目送归鸿，手挥五弦。俯仰自得，游心太玄。（三国魏·嵇康《赠兄秀才从军十八首》）

石栏斜点笔，桐叶坐题诗。（唐·杜甫《重游何氏五首》）

松风吹解带，山月照弹琴。（唐·王维《酬张少府》）

独立小桥风满袖，平林新月人归后。（南唐·冯延巳《鹊踏枝》）

欲归还小立，为爱夕阳红。（宋·陆游《东村》）

东篱把酒黄昏后，有暗香盈袖。（宋·李清照《醉花阴》）

题诗石壁上，把酒长松间。（元·倪瓒《对酒》）

闲窗听雨摊书卷，独树看云上啸台。（清·吴伟业《梅村》）

读一读这些诗句，相信我们会尘虑顿消。而对照于古人的生活情趣与潇洒的人生态度，相信今日忙忙碌碌的我们都会惭愧不已，不得不对自己的人生态度进行深刻的反省。

这套名曰“名句中国”的小丛书，虽本意在于通过对一万余条中国古代经典名句意蕴的剖析，为人们的读写实践指点迷津，并提供“引经据典”的参考方便；但在名句意蕴解构的过程中，读者也许可以由此及彼而对博大精深的中国传统文化有个“管中窥豹”的粗略印象。“一滴水能折射出太阳的光辉。”透过名句，我们虽然不敢说能由此窥见博大精深的中国文化的深度，但最起码会给大家留下一点“浮光掠影”式的印象。

吴礼权

2008 年 4 月 8 日记于复旦园

凡　例

一、本丛书共收中国历代经典名句一万余条。入选的各名句，一般都是编者通过现代科技手段与互联网技术，在认真调查了其引用频率的基础上精选出来的。

二、本丛书所收名句依据特定的标准，共分为十二大类。每一大类又细分为若干小类。每一小类所收辞目，根据实际情况和“宁缺毋滥”的原则而多少不等。

三、辞目的编排，每一小类内的辞目编排顺序依据每一个辞目（即每一个名句）的第一个字的汉语拼音顺序依次编排。相同字头的辞目都集中于一起，排于其特定的音序位置上。第一个字与第二个字都相同的辞目，也依上述原则集中于一起，排于其特定的音序位置上。

四、每个辞目的编写体例是：首先列辞目（即名句），其次是“注释”，最后是“译文”和“点评”（句义没有难解之处，则没有译文）。即“辞目—注释—译文/点评”。

五、辞目的长度，一般是一句或两句。少数辞目考虑其意义的整体性，可能是三句、四句或更多。

六、注释的文字，包括名句的出处、生僻字词注音、难解字词的词义解释、古代汉语特殊句法结构的语法说明等四个部分。名句出处的标注，包括时代、作者、书名或篇名。成书时代难以确定的，则付之阙如。秦代以前的作品，统一以“先秦”概括，不细分为夏、商、周、春秋、战国等。这是考虑到有些作品的成书只能确定其大致时间，而难以具体指明何年何代，如《诗经》、《周易》、《尚书》等。作者不能确定的，也付之阙如。如《论语》、《孟子》等，并非孔子、孟子自己所编定，而是由他们的弟子或后人编定的，就不便注明作者。还有些作品是大家非常熟悉的，书名本身就表明了作者，则也不注明作者，如《老子》、《庄子》等。如果所引名句是著作中的，则注明书名和篇名或章节名。生僻字的注音，以汉语拼音方案的拼写规则标注声、韵、调。

七、译文/点评的文字，根据不同情况有不同的表现形式。主要有：①句意难于理解的，先列出白话译文，或是进行句意串讲，然后再对其内容进行阐发。②句意易于理解的，则略去译文或句意串讲，直接进行内容的阐发、点评。③有些名句运用到特定修辞方式的，则明确予以指出，并说明其表达效果。④有些写景的名句，不便用编者自己的观点框定读者，就以概括句意的形式简洁点拨，以便读者作“仁者见仁，智者见智”的解读发挥。⑤有些名句的语意后世在使用中发生语义变化的，则予以说明。⑥有些名句可以引申运用的，则予以说明。

八、《文学艺术》卷注有本丛书的条目索引，索引按照汉语拼音的音序排列，读者可以方便迅速地查阅到相关条目。

目　录

花柳草木

爱惜芳心莫轻吐，且教桃李闹春风。

【注释】出自金·元好问《同儿辈赋未开海棠二首》。

【译文/点评】此言海棠花开于桃李花谢之后，但诗人并不这样直写，而是以拟人修辞法将海棠花人格化。前句写海棠花迟迟不开是因为爱惜芳心，就像美人不肯轻易向情人吐露心曲一样，这是“拟人”，同时也有比喻的成分；后句是“拟人”，将桃花、李花盛开说成是“闹春风”，以动词“闹”赋予它们人的行为、动作，从而突显出海棠花犹如一个“旁观者清”的清醒者的形象。由此，本来非常平常的未开的海棠花便形象生动地呈现在人们的眼前，让人由此及彼而生发出无尽的想象，大有回味无穷之感。

岸花临水发，江燕绕樯飞。

【注释】出自南朝梁·何逊《赠诸游旧》。

【译文/点评】此写花傍江岸开、燕绕船桅飞的景象，表现的是一种恬淡自然之趣。

岸苇新花白，山梨晚叶丹。

【注释】出自唐·郑愔《贬降至汝州广城驿》。丹，红。

【译文/点评】此写秋天河岸芦花白、山上枫叶红的景象。

前句写水旁，后句写山上；前句写近景，后句写远景；前句写白，后句写红。两相对比，远近结合、山水相衬、红白相映，一幅生动的秋景图便跃然眼前了。

白杨多悲风，萧萧愁杀人。

【注释】出自汉·无名氏《古诗十九首·去者日已疏》。

【译文/点评】此写秋风吹白杨、萧萧使人愁的景象。此乃通过景物描写寄托对“去者”的深切思念与悲切。

百叶双桃晚更红，窥窗映竹见玲珑。

【注释】出自唐·韩愈《题百叶桃花》。百叶桃花，指一种观赏类的桃花。

【译文/点评】夕阳西下，红霞满天，园中两株百叶桃树上盛开的花儿显得更红；而两株桃树则在隔窗绿竹的映衬下更显玲珑可爱之态。此乃写桃花映夕阳、绿竹衬桃树的晚景。“窥窗”，是运用“拟人”修辞法，将桃树人格化，从而突出强调其旁枝临窗的优美之姿以及与竹林相映成趣的玲珑之态。

白云抱幽石，绿筱媚清涟。

【注释】出自南朝宋·谢灵运《过始宁墅》。幽石，幽僻遥远的山石。筱（xiǎo），小竹。清涟，河水清澈而有涟漪的样子。

【译文/点评】白云环绕着远处幽深的山石，碧绿的新竹随风摇曳，仿佛是在讨好清澈的河水与水面上的涟漪。白云绕山、绿竹映水，本也是非常平常之景，但诗人以拟人修辞法将白云与绿竹都予以人格化，使其有“抱”、“媚”等人的行为动作，于是非人类的白云、绿竹便有了人的生命情态，表达由此形象生动起来，令人不禁浮想联翩，有回味无穷之感。

碧毯线头抽早稻，青罗裙带展新蒲。

【注释】出自唐·白居易《春题湖上》。

【译文/点评】早稻抽出的稻穗就像绿色的毯子抽出的线头，蒲草下垂的叶子就像展开的青色罗裙之带。此以比喻修辞法写早稻抽穗、蒲草生长的形象，借此喻彼，读之让人由此及彼产生丰富的联想，有回味无穷之感。

碧桃花发菖蒲紫，留与人间作画屏。

【注释】出自宋·田霖《燕口洞》。菖蒲，即剑兰。画屏，绘有图画的屏风。

【译文/点评】此言碧桃与剑兰吐蕊绽放，红紫相映，就像一幅画一样美丽。

碧玉妆成一树高，万条垂下绿丝绦。

【注释】出自唐·贺知章《咏柳》。碧玉，中国古代诗词中常写的美女，泛指年轻美貌的女子。丝绦，丝带。

【译文/点评】此二句是写早春杨柳之作。“碧玉妆成一树高”一句，是运用拟物修辞法，将早春的垂柳比作是年轻貌美的美女碧玉，说她被装扮成像柳树般婷婷袅袅；“万条垂下绿丝绦”，则是运用比喻修辞法，将柳树垂下的柳条比作是美女碧玉裙子上飘着的丝带。由此，无生命的垂柳顿然有了人的生命情态，早春二月的垂柳形象便活了起来。

冰霜正惨凄，终岁常端正。岂不罹凝寒？松柏有本性。

【注释】出自汉·刘桢《赠从弟三首》其二。罹（lí），遭遇。凝寒，严寒。

【译文/点评】此写松柏不畏严寒的品性，意在通过歌颂松柏不屈的品格而勉励其从弟清白做人，坚贞不屈，不向恶势力低头。因此，这句话对有志之士都有激励作用。孔子言：“岁寒，然后知松柏之后凋也。”说的也是这层意思。

薄情风絮难拘束，飞过东墙不肯归。

【注释】出自宋·李元膺《鹧鸪天》词。

【译文/点评】此以拟人修辞法，将柳絮人格化，使其带有人的生命情态（“薄情”、“难拘束”、“不肯”），从而化平淡为生动，将柳絮随风漫天飘飞的形象鲜活地表现出来，读之让人思考回味，情趣盎然。

不肯画堂朱户，春风自在杨花。

【注释】出自宋·王安国《清平乐》词。杨花，即柳絮。画堂朱户，指富贵人家。

【译文/点评】此写春风吹柳絮而漫天飞舞的景象。“不肯”，乃是拟人修辞法，将柳絮人格化，以生动地彰显出柳絮不愿阿谀富贵的形象（不落于画堂、不入于朱户）。其实，这是词人以柳絮自比，是自己的人格比况。

不是花中偏爱菊，此花开尽更无花。

【注释】出自唐·元稹《菊花》。

【译文/点评】此言菊花开后再无别的花可开了。表面上说菊花是花中唯一能够“笑到最后”者，实则是借赞扬菊花傲霜斗寒的特性歌颂品德高洁的君子。

不摇香已乱，无风花自飞。

【注释】出自南朝梁·柳恽《咏蔷薇》。

【译文/点评】此写蔷薇花花朵全开、无风自落的情景。

不知墙外夜来梅，忍寒添得疏花否？

【注释】出自宋·侯寘《踏莎行》词。疏花，少许的花朵。

【译文/点评】此句之妙乃是不直言期盼梅花开放之意，而是以问代答，用疑问的口气表达出词人急切期盼梅花早开之情。

苍龙日暮还行雨，老树春深更著花。

【注释】出自清·顾炎武《又酬傅处士次韵》。苍龙，指雨云。著花，开花。

【译文/点评】此写薄暮之时春雨落、老树晚春花更发的景象。苍龙行雨，带有一种神话的色彩；老树开花，带有令人惊喜的情感。由雨及树，由树及花，由日暮到春深，因果关系清楚，意境更是开阔，让人由景生情，能想得更多。

草短花初拆，苔青柳半黄。

【注释】出自唐·柳中庸《幽院早春》。拆，开。

【译文/点评】此写初春绿草破土、花蕾初开、苔藓泛青、柳芽半黄的景象，突出的都是早春的“早”字，让人感知到的则是勃勃的生机与旺盛的生命活力。

草暖云昏万里春，宫花拂面送行人。

【注释】出自唐·李贺《出城寄权璩杨敬之》。

【译文/点评】此写春天日暖草碧、浮云低垂、春光万里、宫花满枝的景象。后句是拟人修辞法，将宫花人格化，使其具有人的生命情态，于是在借物中寄托了送别友人的依依之情。

草青仍过雨，山紫更斜阳。

【注释】出自宋·唐庚《栖禅暮归书所见二首》之一。

【译文/点评】此写碧草沐雨、夕阳映山的景象。

草色侵官道，花枝出苑墙。

【注释】出自唐·张继《洛阳作》。

【译文/点评】此写洛阳春天官道两旁绿草如茵、宫苑之内花枝招展的景象。“侵”字与“出”字，都是带有主动色彩的动词，用以描写绿草与花枝更是传神。前者突出的是绿草蔓延、绵绵不绝的景象，后者强调的是花繁叶茂、春色难藏的情景。

草色青青柳色黄，桃花历乱李花香。

【注释】出自唐·贾至《春思二首》。

【译文/点评】此写草色碧绿、柳叶嫩黄、桃花盛开、李花飘香的早春景象。“柳色黄”，是指柳树刚吐新芽，暗示是早春；“桃花历乱”，是以“乱”形容桃花盛开、令人目乱之状。

草色新雨中，松声晚窗里。

【注释】出自唐·丘为《寻西山隐者不遇》。

【译文/点评】此写雨中草色更绿、夜晚松声入窗的景象。

草树饶野意，山川多古情。

【注释】出自唐·宋之问《奉使嵩山途经缑岭》。饶，富。古情，与前面的“野意”相对，指山川激发起来的人的自然之情。

【译文/点评】此言草木富于野趣，山川秀美令人陶醉。

长松落落，卉木蒙蒙。

【注释】出自汉·杜笃《首阳山赋》。落落，劲拔挺立的样子。卉木，草木。蒙蒙，茂盛的样子。

【译文/点评】此写首阳山上古松劲拔、草木茂盛之貌。写景之中对周代隐居于此、不食周粟而饿死于首阳山中的高士伯夷、叔齐的高洁人格寄予了深挚的赞赏之情。

城边流水桃花过，帘外春风杜若香。

【注释】出自唐·刘禹锡《寄朗州温右史曹长》。杜若，一种香草。

【译文/点评】此写桃花逐水流过城东、杜若香气随风吹入人家的景象。前句写桃花、流水，是视觉形象；后句写春风、香草，是触觉与嗅觉形象。如此两者结合，便让人顿时有一种如临其境之感，仿佛看到了其中的映象，感知到了其中的气息，嗅到了其中的香味。

城中桃李须臾尽，争似垂杨无限时。

【注释】出自唐·刘禹锡《杨柳枝词九首》。须臾，一会儿、极短的时间。争似，怎么像。

【译文/点评】此言桃李花开美在一时，而杨柳青枝绿叶之美则具有长久性。表面是比较桃李与杨柳的生命力，实则另有寄托。其中的“桃李”是指政敌，“垂杨”是指自己，意谓迫害自己、逼使自己离京的政敌得势只在一时，而自己的政治生命将会永存。

垂藤扫幽石，卧柳碍浮槎。

【注释】出自唐·杨师道《还山宅》。槎（chá），用竹木编成的筏。

【译文/点评】悬垂之藤轻拂幽石，横卧之柳挡住行进之筏。此写山径水道的幽静之景，表现的是一种恬淡自然的情趣。

春风北户千茎竹，晚日东园一树花。

【注释】出自唐·白居易《北亭招客》。

【译文/点评】此写北亭风景环境的优美情状：北望是春风吹拂千竿竹，东望是园中夕阳映照满树花。“千茎竹”与“一树花”，都是夸张修辞法，意在强调竹林之大、繁花之盛。

春风不解禁杨花，蒙蒙乱扑行人面。

【注释】出自宋·晏殊《踏莎行》词。杨花，指柳絮。

【译文/点评】此以拟人修辞法，将“春风”人格化，将柳絮满天飞的过错归咎于春风，说是春风没有尽到责任，不懂得制止柳絮。虽然表达悖理，但却无理而妙，将平常的情事写得异常有趣。“乱扑行人面”，也是拟人修辞法，将“杨花”人格化，让它有人的行为动作“扑”，由此柳絮落人面的平常之事顿时显得有味起来。

春尽絮花留不得，随风好去落谁家。

【注释】出自唐 · 刘禹锡《杨柳枝词九首》。

【译文/点评】此写春去柳絮飞、随风漫天舞的景象。“落谁家”，乃言飞舞的方向飘移不定，意在突显其漫天而飞的形象。

春兰秋菊，各一时之秀也。

【注释】出自宋 · 洪兴祖《楚辞 · 九歌 · 礼魂》补注引古语。也，句末语气助词，帮助判断。

【译文/点评】春天的兰花与秋天的菊花，都各是其特定时段的名花。此言除了说明了一个花开有时的事实，还别有一层寓意：任何东西，再好也有时效性，有时间的局限。

春色满园关不住，一枝红杏出墙来。

【注释】出自宋 · 叶绍翁《游园不值》。

【译文/点评】此言从出墙的一枝红杏便可窥见春天即将到来。言“一枝红杏”，而不言数枝，意在突出此时尚是早春，还不是杏花盛开的时节。“关不住”，乃拟人修辞法的运用，是将非人类、无生命的“春色”人格化，从而形象地表现出春天脚步不可阻挡的意蕴。

春色三分，二分尘土，一分流水。

【注释】出自宋·苏轼《水龙吟》词。

【译文/点评】此句意谓春天已去。但作者并不这样表述，而是将春色剖分为三分，说二分已随杨花葬入尘土之中，一分已随水流去。也就是说，春色三分都不存在了，所表达的是“无可奈何春去也”的深深伤春之情。从来源上看，这种将春色三分的说法，应该说不是苏轼的首创，而是渊源有自。宋初词人叶清臣《贺圣朝》词中就有“三分春色二分愁，更一分风雨”的说法。如果追溯得更远，唐代诗人徐凝的《忆扬州》诗句“天下三分明月夜，二分无赖是扬州”也与此有关，可算是远源。

春似酒杯浓，醉得海棠无力。

【注释】出自宋·周紫芝《好事近》词。

【译文/点评】此言春深海棠花红之状。前句是比喻，以“酒杯浓”比喻春意浓，暗示时已暮春。后句是“拟人”，将海棠盛开、花朵下垂的样子比作人醉酒后的疲乏之态，使平常的写景顿然形象生动起来，读之令人由此及彼而生发出无限的联想。

丛篁低地碧，高柳半天青。

【注释】出自唐·杜甫《秦州杂诗二十首》之九。篁，竹子。

【译文/点评】此写低处竹林翠碧、高处柳色青青的景象。

从来不著水，清净本因心。

【注释】出自唐·李颀《粲公院各赋一物得初荷》。著水，沾水。

【译文/点评】前句写荷叶出水而不沾水的形象，后句是由此而发的议论，意在赞赏荷花出污泥而不染的清净高洁的品德。

待到秋来九月八，我花开后百花杀。冲天香阵透长安，满城尽带黄金甲。

【注释】出自唐·黄巢《不第后赋菊》。

【译文/点评】此诗表面上说秋高九月，菊花开放，百花尽凋，长安城中到处都是金黄色的菊花，香气四溢；实则是借物言志，表达了诗人进士落第之后愤恨不平之情与决心推翻李氏唐朝、取而代之的豪情壮志。其中“百花杀”、“黄金甲”二词都是运用“双关”修辞法，表面说花，实则暗寓披盔带甲推翻唐朝之深意。写菊花之诗古来很多，但从这个角度来写，不仅构象新颖，而且暗寓深意非常巧妙，实不多见。

当年不肯嫁春风，无端却被秋风误。

【注释】出自宋·贺铸《芳心苦》词。

【译文/点评】此写荷花被秋风吹得东倒西歪的情景，但不直写，而是以拟人修辞法，将荷花人格化，使其带有人的生命情态（说它不肯在春天与百花一齐怒放，却在秋风中凋零），从而使表意更具形象性，给人留下更多的回味空间。然而还不仅于此，实际上这两句还别有寄托。前句托物言志，表明自己不同流合污的人格追求；后句言自己孤傲的人品不见容于世的痛苦之情。

岛花开灼灼，汀柳细依依。

【注释】出自唐·李白《送客归吴》。汀（tīng），水边平地。

【译文/点评】此乃写花开柳舞之景。前句以“灼灼”写花开灿烂、耀人眼目之状，后句以“依依”状柳枝柔弱、随风而动之貌，皆是以叠字修辞法来生动地状物写景，让人如见如睹、历历在目。

颠狂柳絮随风舞，轻薄桃花逐水流。

【注释】出自唐·杜甫《绝句漫兴九首》。

【译文/点评】此写暮春时节柳絮漫天飞、花落随水流的景象。桃花飘落随水流、柳絮慢慢逐风舞，这都是春天常见的景象，本无可写。即使要写，也无什么新意让人眼睛为之一亮，然而，诗人杜甫却做到了。他将柳絮与桃花都拟人化，使其带有人的生命情态，于是原本非人类的柳絮与桃花都成了有情之物，柳絮能够“颠狂”，桃花具有“轻薄”之性。由此，顿然打开意境，让人情不自禁地作由此及彼的无限联想，回味无穷。

东风不管梅花落，自酿新黄染柳条。

【注释】出自宋·杨万里《绝句》。东风，春风。

【译文/点评】此以拟人修辞法，将春风人格化，使其带有人的生命情态（“不管”、“自酿”、“染”），形象地写出了梅花落尽而杨柳变绿的春天节候特征。

东风杨柳杏花飞。

【注释】出自宋·梅挚《归雁亭》。东风，春风。

【译文/点评】此写春风拂柳、杏花飘飞的春日之景。

东风着意，先上小桃枝。

【注释】出自宋·韩元吉《六州歌头》词。东风，指春风。着意，特意。

【译文/点评】此言春天的到来首先呈现于桃花枝头，意谓桃花是报春的使者。

独倚栏干凝望远，一川烟草平如剪。

【注释】出自宋·谢逸《蝶恋花》词。

【译文/点评】此写登高望远、满眼碧草的景象。“一川”，是满地之意；烟草，表面是说草地犹如锁在烟雾之中，实则说草地无边无际；“平如剪”，比喻遍地碧草都一般高的整齐之貌。前句说倚栏望得远，后句写草色如烟，都意在强调草地的无边无际。

短短桃花临水岸，轻轻柳絮点人衣。

【注释】出自唐·杜甫《十二月一日三首》。

【译文/点评】此写春日桃花傍水开、柳絮飞舞沾人衣的景象。“短短”，言桃树之矮小，意在突出其可爱之状；“轻轻”，言柳絮飞舞之慢。

鹅黄杨柳浮春晚，鸭绿烟波送客船。

【注释】出自宋·叶簕《题光华亭》。鹅黄，指杨柳萌芽之初的嫩黄之色。鸭绿，指春水碧绿如鸭头之毛的颜色。

【译文/点评】此写春日傍晚送客的依依不舍之情。前句写杨柳，意在通过杨柳依依的形象，表现依依不舍之情；后句写烟波送客船，说明船已走远还在眺望，表现的是难舍之情。

芳草鲜美，落英缤纷。

【注释】出自晋·陶渊明《桃花源记》。英，花。

【译文/点评】此乃作者所写世外桃源之景。

芳蹊密影成花洞，柳结浓烟花带重。

【注释】出自唐·李贺《春怀引》。蹊，小径。

【译文/点评】前句写小径花盛、垂条似洞的景象，后句写柳色无边、花压枝头的景象。“成花洞”，乃是比喻，写开满鲜花的小径之上两旁花枝垂下，交相搭挂，使小径远看就像一个花洞。“浓烟”，也是比喻，写柳色无边、远望如烟的景象。“花带重”，是写花压枝头、枝条垂下的样子。

风吹梅蕊闹，雨细杏花香。

【注释】出自宋·晏几道《临江仙》词。

【译文/点评】此写东风初度、梅花盛开、春雨细细、杏花飘香的初春景象。“梅蕊闹”，是以拟人修辞法，将梅花盛开的过程人格化，不用动词“开”，而用动词“闹”，使梅花盛开的气势与花开的过程更加逼真形象。前句写梅花风中开放，后句写杏花雨中飘香。前者刚，后者柔，两相配合，听觉、视觉、触觉、味觉俱在，意象非常丰富，读来令人趣味无穷。

风含翠篠娟娟净，雨浥红蕖冉冉香。

【注释】出自唐·杜甫《狂夫》。翠篠（xiǎo），翠竹。娟娟，姿态美好的样子。浥（yì），沾湿。红蕖，荷花。冉冉，柔弱下垂的样子。

【译文/点评】此写风吹翠竹摇曳多姿、雨湿荷花低垂飘香的景象。前句写绿竹，后句写红荷，意象上对比色彩极为鲜明；前句写风，后句写雨，不仅对仗工整，而且从逻辑上将两句所写内容巧妙地联系到了一起，遂使写景状物非常自然，没有为了对仗而对仗的痕迹。两句都运用了叠字修辞法，前句用“娟娟”写翠竹随风而动之态，后句用“冉冉”写雨打荷花低垂之状，形象感非常强。

芙蓉零落秋池雨，杨柳萧疏晓岸风。

【注释】出自唐·崔致远《兖州留献李员外》。芙蓉，荷花。萧疏，指疏落的样子。

【译文/点评】此写满池秋雨、荷叶枯萎，晨风吹岸、杨柳叶疏的秋日景象。

拂云百丈青松柯，纵使秋风无奈何。

【注释】出自唐·岑参《感遇》。柯，树枝。

【译文/点评】此言青松高大挺拔，凄厉的秋风也难以动摇其根本。“拂云”、“百丈”，都是夸张之辞，意在渲染强调青松的高大。此句表面是写景，实则是借松树而抒发对特立独行、不随波逐流的高洁之士的礼赞之情。

高枝百舌犹欺鸟，带叶梨花独送春。

【注释】出自唐·杜牧《残春独来南亭因寄张祜》。百舌，鸟名。

【译文/点评】此写暮春时节百舌鸟鸣于高枝深绿之中、众花谢尽梨花独放之景。写景中对暮春时节“春去也”表露了深深的惋惜与惆怅之情。

根到九泉无曲处，世间惟有蛰龙知。

【注释】出自宋·苏轼《王复秀才所居双桧二首》。九泉，指地下极深处。蛰（zhé）龙，潜伏的龙。

【译文/点评】此写桧树根须入土极深而不弯的特性。此句表面是写树，实则借树写人，表达了对朋友刚直不阿而又超然物外的高尚人格的礼赞之情。

故作小红桃杏色，尚余孤瘦雪霜姿。

【注释】出自宋·苏轼《红梅》。孤瘦，指梅枝干枯、花朵稀疏的样子。

【译文/点评】此写红梅虽然色带桃杏之红，但仍保留了孤枝疏花、傲霜斗雪的姿态。意谓红梅虽有桃杏之艳，但骨子里仍是傲霜斗雪的性格。

过雨樱桃血满枝，弄色奇花红间紫。

【注释】出自金·董解元《西厢记诸宫调》。

【译文/点评】此写雨后樱桃红艳缀满枝头、各色鲜花争奇斗艳的景象。

海棠不惜胭脂色，独立蒙蒙细雨中。

【注释】出自宋·陈与义《春寒》。

【译文/点评】此写海棠花开于蒙蒙细雨中、花红恰似美人涂过的胭脂的情态。“胭脂色”，让人由花及人，想起美人两腮红红的姿色；“细雨中”，让人由花雨中低垂之态，联想到美人低头回首的朦胧娇羞之美。诗句给人想象的意境极大，让人回味的地方也很多。

海棠开后春谁主，日日催花雨。

【注释】出自宋·李弥逊《虞美人》。

【译文/点评】此言海棠花开之后，春天脚步渐远去，花谢如雨春去也。

含风鸭绿粼粼起，弄日鹅黄袅袅垂。

【注释】出自宋·王安石《南浦》。鸭绿，指像鸭头绿色一样的溪水。粼粼（lín），流水清澈的样子。鹅黄，指柳芽初叶的嫩绿之色。袅袅（niǎo），草木柔弱细长的样子。

【译文/点评】春风吹拂下，碧绿的溪水清波泛起；阳光照耀中，嫩绿的柳枝低垂摇曳。前句写春风溪水，后句写阳光杨柳。色彩丰富，意境开阔，给人以无限的想象与联想。“粼粼”、“袅袅”两个叠字的使用，不仅生动地再现了水波荡漾、柳条依依的情状，同时也为诗句增添了声律上的美感。

寒花带雪满山腰，著柳冰珠满碧条。

【注释】出自唐·元稹《西归绝句十二首》。著，沾。

【译文/点评】前句写花带冰雪之景，后句写柳沾冰珠之状。倒春寒的冰雪虽然对花柳有影响，但是雪映春花、冰著碧柳却也是一种异乎寻常的美景，读来不仅不让人心生寒意，还有一种审美的愉悦之感。

寒梅最堪恨，长作去年花。

【注释】出自唐·李商隐《忆梅》。最堪恨，指最有理由感到遗憾。

【译文/点评】此言梅花总是开在寒冬，等到春天百花齐放时，它却是隔年之花了。这表面是为梅花抱不平，内里也有借梅花比喻自己有高洁的人格却不得志之意蕴。

何须浅碧深红色，自是花中第一流。

【注释】出自宋·李清照《鹧鸪天》词。

【译文/点评】此言桂花虽然没有浅绿深红的丰富色彩，却以金黄之色堪称花中一流。这虽是词人个人对桂花的认知，却表露出其对桂花真挚的喜爱之情。

荷风送香气，竹露滴清响。

【注释】出自唐·孟浩然《夏日南亭怀辛大》。

【译文/点评】前句写嗅觉，后句写听觉，但二句都暗含了视觉形象。因为风送荷香之气，必然让人由荷香的气味而联想到荷叶荷花；由竹叶露下之声，必然让人由竹露清响而自然联想到竹露点点的视觉形象。由此，荷叶、绿竹、竹露、清风、荷花之香、滴露之声等便有机地交织到一起，构成了一幅有声有色的图画。

荷花开尽秋光晚，零落残红绿沼中。

【注释】出自唐·宋雍《失题》。沼（zhǎo），水池。

【译文/点评】此写荷花凋零而落水中的秋日景象。虽然表现的是一种悲秋的感伤情怀，但诗句“残红”落“绿沼”所建构的意境，色彩感非常鲜明，就像一幅秋荷败残图，别有一种凄美的情调。

荷尽已无擎雨盖，菊残犹有傲霜枝。

【注释】出自宋·苏轼《赠刘景文》。

【译文/点评】秋风中，水面上不见了形如伞盖的荷叶；风霜中，菊花虽凋，却还有枝干傲霜斗寒。此以荷菊对比，意在突显菊花傲霜斗寒品性的同时表达对朋友人格的礼赞之情。

荷深水风阔，雨过清香发。

【注释】出自宋·欧阳修《和圣俞百花洲》。

【译文/点评】此写荷塘水深风大，雨过清香四溢的情景。

荷香销晚夏，菊气入新秋。

【注释】出自唐·骆宾王《晚泊》。

【译文/点评】荷花之香送走了夏日最后的暑气，菊花之香迎来了新一轮的秋凉。此乃写花与季节的关系。

红入桃花嫩，青归柳叶新。

【注释】出自唐·杜甫《奉酬李都督表丈早春作》。

【译文/点评】此写早春桃花初开、柳叶刚绿之状。“桃花嫩”，言桃花初开；“柳叶新”，言柳叶刚绿。二者都突出了一个重点：早春。

花燃山色里，柳卧水声中。

【注释】出自宋·范成大《清明日狸渡道中》。

【译文/点评】此写春天山中花红、水边柳绿的景象。“燃”是比喻花开红艳如火的样子，“卧”是写柳傍水生的样子。前句写花，后句写柳；花中见山色，柳中闻水声，意象丰富，形声兼备，如同一幅画。

花如解语迎人笑，草不知名随意生。

【注释】出自宋·李彭《春日怀秦髯》。如，好像。解，懂得。

【译文/点评】此以拟人修辞法，将花人格化，使其带有人的生命情态（“解语”、“迎人”），从而借物写人，表达诗人对春天花开草长的欣悦之情。

花树得晴红欲染，远山过雨青如滴。

【注释】出自宋·吴潜《满江红》词。

【译文/点评】此写雨过天晴、花红如染，远山过雨、山色青翠的景象。“红欲染”、“青如滴”，都是比喻修辞法，生动地再现了花红与树绿的景象。

花须柳眼各无赖，紫蝶黄蜂俱有情。

【注释】出自唐·李商隐《二月二日》。花须，指花蕊。柳眼，指刚吐芽的柳叶。无赖，此指无心（与后面“有情”相对）。

【译文/点评】此以拟人修辞法，将花蕊、柳叶、紫蝶、黄蜂人格化，使其带有“无赖”、“有情”等人的生命情态，从而形象生动地再现了蜂蝶逐花柳的景象，让人思之无穷、味之不尽。

花枝草蔓眼中开，小白长红越女腮。

【注释】出自唐·李贺《南园十三首》。越女，此指春秋时代越国美女西施。

【译文/点评】此写草木之花在春风的吹拂下一天天由白变红，就像美丽的西施之腮。这是以人比物，属于比喻修辞法。因为花的由白变红与少女脸色的由白变红有相似性。于是，诗人就在观花赏春的凝神观照中将二者联系到一起，生动形象地写出了草木之花渐次开放的真切情景，读来让人思之无限、无穷。

槐柳萧疏绕郡城，夜添山雨作江声。

【注释】出自唐·羊士谔《登楼》。

【译文/点评】此写槐柳绕城、夜雨涨江的春日景象。前句写形，后句写声，形声结合，让人如睹如闻，大有一种身临其境之感。

黄花红叶共秋风。

【注释】出自宋·邵棠《道经拓溪静林寺》。黄花，菊花。

【译文/点评】此写秋风之中菊花金黄、枫叶红艳，两相交映生辉的形象。

黄花金兽眼，红叶火龙鳞。

【注释】出自元·杨显之《临江驿潇湘秋雨》杂剧。

【译文/点评】此乃运用比喻修辞法描写菊花与枫叶的颜色，意在突出深秋时节菊花与枫叶的颜色特征。“黄花”是指菊花，“红叶”是指枫叶，二者都属于植物，诗人则以属于动物类的“金兽眼”、“火龙鳞”为喻体分别与之匹配，不仅形象地再现了菊花的金黄之色与枫叶的火红之色，而且让人由此及彼，展开丰富的联想，想到传说中的金眼兽与火龙鳞，从而大大拓展了诗句所描写的意境。

黄四娘家花满蹊，千朵万朵压枝低。

【注释】出自唐·杜甫《江畔独步寻花七绝句》之六。蹊（qī），小径。

【译文/点评】此写黄四娘家门前繁花盛开、压弯枝头、覆盖小路的情景。

蕙兰有恨枝尤绿，桃李无言花自红。

【注释】出自宋·欧阳修《舞春风》。

【译文/点评】此写蕙兰花谢而叶绿、桃李花正开的春日景象。前句用的是拟人修辞法，将蕙兰人格化。以“恨”写蕙兰，表面说的是蕙兰花谢的事实，实则表达的是诗人对蕙兰花谢的惋惜之情。后句也是运用了拟人修辞法，将桃李人格化，让它们有“无言”、“自（自主、自在）”等人类的动作行为，不仅写出了桃李之花静静开放的状态，也让所写的桃李形象鲜活起来，给人以丰富的联想。

夹岸桃花蘸水开。

【注释】出自宋·徐俯《春游湖》。蘸（zhàn），把东西沾水或其他液体。

【译文/点评】此写桃树绕岸、桃枝临水、花朵触水的春日湖景。

涧松寒转直，山菊秋自香。

【注释】出自唐·王绩《赠李征君大寿》。

【译文/点评】松柏生涧底，严寒更劲拔；野菊生秋山，无人花自香。此表面是写松菊，实则是借松、菊而写人高洁的品行。

江山如有待，花柳更无私。

【注释】出自唐·杜甫《后游》。江山，指山水。如，好像。

【译文/点评】此以拟人修辞法将山水、花柳人格化，使其具有人类的生命情态（待人、无私），从而拉近人与自然的距离，真切地表达出诗人对山水、花柳的热爱之情。

江上雪初消，暖日晴烟弄柳条。

【注释】出自宋·吴亿《南乡子》词。

【译文/点评】此写早春雪消、风轻、日暖、柳青的景象。“弄”字写柳条随风摇曳的情状极为生动，是将春风人格化的拟人修辞法。句中虽然没有“风”字，但春风已在其中矣，这便是此诗句的妙处所在。

蕉心不展待时雨，葵叶为谁倾夕阳。

【注释】出自宋·苏轼《题净因壁》。时雨，指夏至后半个月所下的雨。

【译文/点评】此以拟人修辞法，将芭蕉、葵花人格化，使其带有人的生命情态（芭蕉能待雨、葵叶为人倾），从而化平淡为生动，形象地再现了芭蕉花心未展、葵花向日而开的情状。

蕉叶半黄荷叶碧，两家秋雨一家声。

【注释】出自宋·杨万里《秋雨叹》。

【译文/点评】此言芭蕉叶与荷叶在秋风秋雨中虽颜色有别：一个半黄、一个青碧，但是秋雨滴芭蕉与秋雨打荷叶，声音则是一样的。前句写视觉形象，后句写听觉形象。前后配合，将不一样的颜色与一样的声音统一起来，遂绘就了一幅有声有色的秋雨芭蕉荷叶图，让人有如临其境、如见其色、如闻其声的现场感。

接天莲叶无穷碧，映日荷花别样红。

【注释】出自宋·杨万里《晓出净慈寺送林子方》。

【译文/点评】此写连片无际的荷叶碧绿青翠、荷花映日分外红艳的景象。前句写荷叶，突出的是其无边无际的壮阔景象；后句写荷花之红，以红日为衬托，目的是突显其分外娇艳之色。

接天杨柳风烟里，照水桃花图画间。

【注释】出自宋·武衍《清明湖上》。

【译文/点评】此写杨柳无边无际、桃花映水如画的景象。

尽道春光已归去，清香犹在野蔷薇。

【注释】出自宋·金梁之《赠郡士张梦锡赴南宫试》。尽道，都说。犹，还。

【译文/点评】人人都说春光已经过去，请看野蔷薇的花开得正盛呢。此言春光不仅呈现在桃李杏花枝头，也呈现在山野无人的野花之上。

径草渐生长短绿，庭花欲绽浅深红。

【注释】出自唐·鲍溶《春日》。

【译文/点评】小径之草渐生，嫩绿长短不齐；庭院之花欲开，颜色深浅不一。此写春日小径之草与庭院之花的生长情状。前句写小径、杂草，后句写庭院、红花。前句写绿，后句写红。由此在最少的文字中写出了最为丰富的景物与颜色（草色有嫩老、花色有深浅），一幅绚丽多彩的春日图轴跃然纸上。

菊花到死犹堪惜，秋叶虽红不耐观。

【注释】出自宋·戴复古《都中怀竹隐徐渊子直院》。犹，还。堪，此指值得。

【译文/点评】此言菊花即使枯萎了，也比红了的秋叶好看，让人心生怜惜之情，表达的是对菊花的偏爱之情。

菊，花之隐逸者也；牡丹，花之富贵者也；莲，花之君子者也。

【注释】出自宋·周敦颐《爱莲说》。……者也，古代汉语判断句形式之一，相当于“……是……”。

【译文/点评】菊花就像是花中的隐士，牡丹就像是花中的达官贵人；莲花则像是花中的君子。此以比喻修辞法，将菊花、牡丹、莲花分别比作隐士、达官贵人、君子，让人由此及彼产生联想，从而进一步了解这三种花的形象与中国传统士大夫的人生观与价值观。

堪笑牡丹如斗大，不成一事又空枝。

【注释】出自宋·王溥《咏牡丹》。堪笑，可笑。不成一事，指牡丹仅开花而不结果。

【译文/点评】此言牡丹花朵虽大，但开完之后不能结果，空余空荡荡的花枝而已。

可怜汾上柳，相见也依依。

【注释】出自唐·岑参《题潘阳郡汾桥边柳树》。可怜，可爱。

【译文/点评】此写汾河桥边杨柳青枝下垂，似乎留恋行人的样子。这是以拟人修辞法，将杨柳人格化的结果，遂使平常的景象顿然别添了许多情味。

腊后花期知渐近，寒梅已作东风信。

【注释】出自宋·晏殊《蝶恋花》词。东风，指春风。信，信使。

【译文/点评】此言进入腊月之后，腊梅开放的花期就要到了，这时离春天也就不远了，因为腊梅就是春天的信使。此以植物开放的特点说明冬去春来的规律，与西方人所说“冬天来了，春天还会远吗?”的名言有异曲同工之妙。

兰秋香不死，松晚翠方深。

【注释】出自唐·李群玉《赠元绂》。

【译文/点评】此言兰花秋天香气不减，松树冬日青翠之色正深。表面是写植物的自然特性，实则借物写人，表达了对朋友高尚人格的高度赞赏之意。因为在中国古代，兰花、松柏都是作为君子的形象出现的，具有特立独行、不媚世俗的人格特征。

懒向春风竞颜色，自甘秋露缀英华。

【注释】出自宋·廖唈《题菊花亭》。

【译文/点评】不愿在春风中与其他花争奇斗艳，而甘愿在秋露中将大地点缀得美丽。此乃赞颂菊花傲霜斗寒、装点秋色的品格。

冷烛无烟绿蜡干，芳心犹卷怯春寒。

【注释】出自唐·钱珝《未展芭蕉》。

【译文/点评】此二句是咏芭蕉之名句。芭蕉未展，形状如何? 色泽如何?“冷烛无烟绿蜡干”一句，以“冷烛”、“绿蜡”为喻，原来不可知的未展芭蕉形象顿然生动形象起来。但是，诗人并未就此打住，而是进一步以拟人修辞法，将未展芭蕉比拟成含羞的少女，说其未展的芭蕉之心是少女的芳心；

说未展的芭蕉卷曲之状是因为“怯春寒”，将物拟人。至此，本是无生命的芭蕉，顿然有了人的生命情状，亲切有味起来。

离离原上草，一岁一枯荣。

【注释】出自唐·白居易《赋得古原草送别》。离离，草生长茂盛之貌。

【译文/点评】此写古原之上春来绿草如茵、秋来枯草连天，年年如此，岁岁循环的自然规律。虽然是平常的写景，但其中却蕴含了对自然、人生的深刻体会，这从后两句“野火烧不尽，春风吹又生”的评论中尤其看得明白。

梨花千里雪，杨柳万条烟。

【注释】出自唐·李白《送别》。

【译文/点评】此以比喻修辞法，将梨花比作飘飞的白雪，将杨柳垂丝比作飘动的烟雾，从而化平淡为生动，形象地再现了春天梨花飘飞、柳丝万条的景象。同时，以如雪的落花、依依的柳条形象，表现了对友人离去的留恋与伤感之情。

梨花千树雪，杨叶万条烟。

【注释】出自唐·岑参《送杨子》。

【译文/点评】此写春日梨花盛开、色白如雪，杨柳叶绿、远望如烟的景象。“千树”、“万条”，皆是夸张之辞，意在强调梨花、杨柳之多，连成一片，无边无际的样子。

连林人不觉，独树众乃奇。

【注释】出自晋·陶渊明《饮酒二十首》。乃，才。

【译文/点评】连片成林的树木没有什么新奇的景观，巍然独立、高大挺拔的苍松才会引人注目。此乃赞颂青松之句，写景之中寄予了对特立独行的高士的礼赞之意。

两岸杨花风作雪，一池荷叶雨成珠。

【注释】出自唐·陈润《题山阴朱徵君隐居》。杨花，柳絮。

【译文/点评】风吹杨花漫天飞舞，犹如白雪飘飘；荷叶之上点点积雨，恰似粒粒珍珠。此以比喻修辞法写风吹柳絮、荷上水珠的景象，使平常的物象平添了几许生动与情趣。

梁苑城西二十里，一渠春水柳千条。

【注释】出自唐·白居易《板桥路》。

【译文/点评】此写城外春光无限的景象。“二十里”、“柳千条”，都非实写，而是夸张修辞法，意在强调渠长柳多。

林花扫更落，径草踏还生。

【注释】出自唐·孟浩然《春中喜王九相寻》。

【译文/点评】前句写落花扫不尽，意谓林中花儿多；后句写小径上的草被人踏死而再生，意在强调其生生不息的精神。

林花著雨燕支湿，水荇牵风翠带长。

【注释】出自唐·杜甫《曲江对雨》。著，附着、沾。燕支，即胭脂，古代女子的化妆品。荇（xìng），荇菜，一种多年生水草。

【译文/点评】此写林中花儿沾雨后就像美人的胭脂湿了一样，水中的荇菜被风吹动就像一条翠绿的长带。此以比喻修辞法写风雨中的花草之状，新颖独到、形象生动。

零落成泥碾作尘，只有香如故。

【注释】出自宋·陆游《卜算子》词。

【译文/点评】此言梅花凋零入尘泥，仍然香气不变。其意有借赞扬梅花而歌颂君子坚贞不屈的人格之意。

流光容易把人抛，红了樱桃，绿了芭蕉。

【注释】出自宋·蒋捷《一剪梅》。流光，指流逝的春光。

【译文/点评】前句感叹春光易逝，后句写樱桃红、芭蕉绿之景。两句表面看似意不相属，实则是借植物的成熟而暗点出季节的推移，表达春天将去的意旨，抒发词人伤春惜春的惆怅之情。

柳垂江上影，梅谢雪中枝。

【注释】出自宋·晏几道《临江仙》词。

【译文/点评】此言当杨柳吐芽、枝垂江水之时，便是腊梅凋谢、冬去春来之时。前句写春景，有柳、有水、有倒影，给人以欣欣向荣之感；后句写冬景，有梅、有雪、有寒枝，使人顿生寒意之中盼春光之意。“柳垂”、“梅谢”，都是动态感非常强的意象，暗寓了冬去春来的运动规律。“江上影”与“雪中枝”，都是可以入画的意象，可能让人产生无限的联想与想象；而且对仗工整，视听觉美感也很强。

柳花闲度竹，菱叶故穿萍。

【注释】出自唐·韩愈《闲游二首》之一。柳花，柳絮。

【译文/点评】此写柳絮飞过竹林、菱叶飘过浮萍的景象。这是非常平凡的景象，但诗人以拟人修辞法，将柳花、菱叶人格化，使其带有人的生命情态（“闲”、“故”），从而将平常事物艺术化，读之令人回味无穷。

柳色黄金嫩，梨花白雪香。

【注释】出自唐·李白《宫中行乐词八首》。

【译文/点评】此写初春时节皇家园林中柳吐新芽、嫩黄如金，梨花如雪、香气四溢的景象。两句都是通过比喻修辞法，将柳叶、梨花之色分别与黄金、白雪作了牵连搭挂，由此让人展开丰富的联想，从而大大拓展了诗句的意境，提升了写景之句的审美情趣。

柳色看犹浅，泉声觉渐多。

【注释】出自唐·张籍《酬白二十二舍人早春曲江见招》。

【译文/点评】此写早春时候柳枝嫩黄、春泉水涨的景象。前句写视觉形象，后句写听觉形象，由此不经意间便勾勒出了一幅有声有色的早春图画。

柳丝袅袅风缫出，草缕茸茸雨剪齐。

【注释】出自唐·白居易《天津桥》。袅袅（niǎo），草木柔弱细长的样子。缫（sāo），把蚕茧放在滚水里抽丝。茸茸，草初生的样子。

【译文/点评】此写早春时候春风轻拂、柳芽初绽，春雨细润、绿草初发的景象。“风缲出”是以热水中抽丝来比喻柳丝初绽、叶细如丝的样子；“雨剪齐”，也是个比喻，是说绿草齐刷刷地破出的样子就像是被雨剪齐的一样。春天柳枝吐芽、小草泛绿，都是常见的自然现象，但是诗人通过两个比喻，将平常景物艺术化，遂使草木的形象生动起来，读之让人兴味盎然。

柳丝如剪花如染。

【注释】出自宋·欧阳修《归自谣》词。

【译文/点评】此以比喻修辞法写春天柳树垂枝齐整、花开红艳夺目的景象。

柳叶乱飘千尺雨，桃花斜带一溪烟。

【注释】出自清·吴伟业《鸳湖曲》。

【译文/点评】此写细雨连天、风动柳叶、桃花带雨、满溪烟霭的景象。“千尺雨”，乃是夸张修辞法，强调突出春雨的绵绵不绝。“一溪烟”，乃比喻，写蒙蒙细雨使满溪之水仿佛笼罩于烟雾之中的景象。

柳枝经雨重，松色带烟深。

【注释】出自唐·张谓《郡南亭子宴》。烟，指雨雾。

【译文/点评】此写雨后柳枝低垂、松带烟色的景象。前句写近景，后句写远景；前者清晰，后者朦胧。两相结合，一幅烟雨凄迷的松柳相映图便跃然纸上。

露带山花落，云随野水流。

【注释】出自唐·张乔《送蜀客》。

【译文/点评】此写落花含露、流水映云的景象。写景之中有抒情，落花含露与流水映云，都含有丰富的意象，与送别朋友的依依之情相关。花含“露”，那是眼泪的象征；流水映云，那是依依不舍的意境。

绿垂风折笋，红绽雨肥梅。

【注释】出自唐·杜甫《陪郑广文游何将军山林十首》。

【译文/点评】此写风吹笋断、雨润红梅的景象。此两句诗的正常语序应该是“风折绿笋垂，雨肥红梅绽”，之所以写成上述形式，那是为了诗歌格律（平仄）对仗的需要。

绿杨烟外晓寒轻，红杏枝头春意闹。

【注释】出自宋·宋祁《玉楼春》。

【译文/点评】此写初春时节天气微寒、绿杨如烟、杏花满枝的景象。其中后一句写春意渐浓，所用的动词“闹”，将非人类的抽象概念“春意”人格化，赋予其动感，遂使平常的语意表达顿然生动形象起来，故历来为人所称道。

绿杨著水草如烟，旧是胡儿饮马泉。

【注释】出自唐·李益《过五原胡儿饮马泉》（又题作《盐州过胡儿饮马泉》、《盐州过五原至饮马泉》）。饮马泉，旧称鸊鹈泉，胡人饮马处，在唐时丰州城北，属盐州，即今内蒙古五原。

【译文/点评】“绿杨著水草如烟”一句，是写景，将春天的草原一望无际、绿草如烟、绿杨垂枝轻拂泉水的景色写得栩栩如生，如在目前。“旧是胡儿饮马泉”一句，则是说明之中有议论，议论之中有感慨。“旧是”二字，既暗中点出了这片水草丰美之地曾为吐蕃占据的历史，又表达了如今失而复得的欣慰之情。

绿竹含新粉，红莲落故衣。

【注释】出自唐·王维《山居即事》。新粉，指新竹破土后竹皮上所生的粉状物。故衣，指脱落的莲花瓣。

【译文/点评】前句写绿竹破土而出之象，后句写红莲花瓣脱落之状。“含新粉”，写的是绿竹欣欣向荣的新生情状；“落故衣”，写的是红莲花红而衰的衰落形象。前句写生的喜悦，后句写亡的悲哀。前后对比，以喜衬悲，以悲映喜，以“绿”对“红”，以“含”对“落”，以“新粉”对“故衣”，不仅诗句形式上对仗工整，而且意境上也相辅相成、相映成趣。由此，不禁令人由诗句所建构的形象而推究起诗句的意蕴，产生无穷的联想。

绿竹入幽径，青萝拂行衣。

【注释】出自唐·李白《下终南山过斛斯山人宿置酒》。

【译文/点评】此写小径通幽、绿竹旁路、青萝拂衣的景象。幽雅的景色描写中透出诗人欣喜的心情。

乱花渐欲迷人眼，浅草才能没马蹄。

【注释】出自唐·白居易《钱塘湖春行》。

【译文/点评】此二句乃是写西湖早春之景。“乱花渐欲迷人眼”，以“乱”、“迷人眼”前后配合，暗写出西湖周围繁花似锦的景象。写花繁花茂，不用“繁”而用“乱”，尤其能突出花之多而茂。“浅草才能没马蹄”，以“浅草”、“没马蹄”并举，同义反复，其要突出的是早春时节草的柔嫩，从而交代出西湖边游人骑马的原因是踏青寻春。

洛阳城东桃李花，飞来飞去落谁家。

【注释】出自唐·宋之问《有所思》。

【译文/点评】此写春天洛阳城东桃花李花漫天飞舞之状。“落谁家”，言花飞不定，意在突出花飞自由之态。

落红不是无情物，化作春泥更护花。

【注释】出自清·龚自珍《己亥杂诗》。落红，落花。

【译文/点评】花开而谢，乃是自然现象，非常平常。可是，诗人却以拟人修辞法，将花人格化，说它落地化泥是为了护花，赋予花深情深义。于是，平常的情事顿然形象生动起来，让人回味，更让人由此及彼，想到了教师育人、甘为人梯的情景。我们今天引用此诗句，正是在此层面上运用的。

落花满春水，疏柳映新塘。

【注释】出自唐·储光羲《答王十三维》。

【译文/点评】此写暮春时节落花随水、柳影映塘的景象。

落花如有意，来去逐轻舟。

【注释】出自唐·储光羲《江南曲四首》。如，像。

【译文/点评】此写落花随水流的景象。但是，诗人却不直写，而是运用拟人修辞法，将落花人格化，使其带有人的生命状态，“落花随水”便转换成了“落花逐舟”的景象，从而婉约地表达出诗人怜花惜春的深切之情。

落时犹自舞，扫后更闻香。

【注释】出自唐·李商隐《和张秀才落花有感》。犹，还。

【译文/点评】此写花落随风飘舞、花香充溢天地的暮春景象。

落絮无声春堕泪，行云有影月含羞。

【注释】出自宋·吴文英《浣溪沙》词。

【译文/点评】前句写柳絮伴随春雨飘落无声之景，后句写浮云飘飘而时遮月影之状。“春堕泪”，是比喻，是说春雨淅沥而下犹如人流泪，表达不仅形象生动，而且内含对春天即将过去的深深叹惜之情。“月含羞”，是拟人的写法，将月亮人格化，不仅暗点出月亮时被浮云遮去的事实，也使所写的月亮形象人格化，让人顿生无限的联想，迅速将其与娇羞的少女形象联系起来。由此，大大拓展了诗句的意境，提升了诗句的艺术感染力。

满阶芳草绿，一片杏花香。

【注释】出自宋·刘彤《临江仙》词。

【译文/点评】此写春日碧草盈阶、杏花飘香的景象。“满阶”，言绿草之盛；“一片”，是言少而强调多，意在通过强调“一片”花香而突显“众片”之更香。

茅檐二日萧萧雨，又展芭蕉数尺阴。

【注释】出自宋·陆游《夏日杂题》。萧萧，雨声。

【译文/点评】此言下了两天雨，芭蕉叶又长大了不少。

梅萼破香知腊近，柳梢含绿认春归。

【注释】出自宋·蒋堂《题山亭》。萼（è），花托。腊，腊月、阴历十二月。

【译文/点评】此言梅花吐香之时便是岁暮腊月临近，柳梢吐芽便是春回大地之时。

梅花落处疑残雪，柳叶开时任好风。

【注释】出自唐·杜审言《大酺》。

【译文/点评】此写梅花零落、铺地如雪，春风吹拂、柳枝吐芽的景象。

梅花落尽桃花小，春事余多少。

【注释】出自宋·叶梦得《虞美人》词。

【译文/点评】前句写初春时节梅花刚落、桃花初开之景。后句写春初至而忧春尽的情感，意在表达诗人惜春、爱春之深情。

梅花竹里无人见，一夜吹香过石桥。

【注释】出自宋·姜夔《除夜自石桥归苕溪》。

【译文/点评】此写梅花隐于竹林之中、香气飘过石桥的景象。

梅郊落晚英，柳甸惊初叶。

【注释】出自唐·王勃《春日宴乐游园赋韵得接字》。英，花。郊、甸，上古时代国都城外百里之内称“郊”，“郊”外称“甸”，此皆泛指城外、城郊。

【译文/点评】此写城外梅花刚落尽最后的残花，柳枝就吐出了新芽。意谓郊外春天来得早。

梅须逊雪三分白，雪却输梅一段香。

【注释】出自宋·卢梅坡《雪梅》。逊，差一点、次一点。

【译文/点评】此句虽意在写梅花的白与香，但却不直写，而是通过梅、雪的对比，间接地写出梅花花朵之白与花开之香的主旨。由此，让读者在对比中加深对其所写梅花白而香形象的认识。

梅子流酸溅齿牙，芭蕉分绿上窗纱。

【注释】出自宋·杨万里《闲居初夏午睡起》。

【译文/点评】此乃写初夏时节梅子将熟、芭蕉渐绿的景象。前句是虚写，通过写想象中的味觉感受，表现出不在眼前的物候景象（初夏时节的梅子将熟而未熟）。后句是实写，再现的是芭蕉浓绿、绿映窗纱的景象。

木欣欣以向荣，泉涓涓而始流。

【注释】出自晋·陶渊明《归去来兮辞》。木，树。欣欣，草木旺盛的样子。以，而。涓涓，水流细小的样子。

【译文/点评】此写初春草木茂盛、泉水细流之景。成语“欣欣向荣”，即源于此。

嫩竹犹含粉，初荷未聚尘。

【注释】出自南朝陈·徐陵《侍宴》。粉，指新竹破土时竹皮上所生的粉状物。

【译文/点评】此乃写嫩竹破土与新荷出水的形象。“犹含粉”，是写春竹破土而出、笋粉犹存的原始状态，突出其“嫩”；“未聚尘”，是写初荷出水未久、一尘不染的形象，突出的是“新”。

宁可枝头抱香死，何曾吹落北风中。

【注释】出自宋·郑思肖《寒菊》。

【译文/点评】此言菊花的本性：只枯死于枝头而不会随风吹落。此诗句表层语义是说菊花耐寒不落的特性，深层语义则是礼赞那些宁死不屈的坚贞君子。这是双关修辞法的运用，表里各有一层意思，文约而意长。

浓绿万枝红一点，动人春色不须多。

【注释】出自宋·王安石《咏石榴花》。

【译文/点评】此写石榴花在众多枝叶的衬托下开放的情景，强调石榴花开不多，却更有一番风韵。“万枝”与“一点”都是夸张修辞法，前者是扩大夸张，强调枝叶之多；后者是缩小夸张，强调花开数量之少。

秾丽最宜新着雨，娇饶全在欲开时。

【注释】出自唐·郑谷《海棠》。秾（nóng），花木繁盛。

【译文/点评】此言海棠花最艳丽的状态是在下雨之时与欲开未开之际。

平明堤上柳，染遍郁金枝。

【注释】出自宋·苏氏《临江仙》。平明，天亮。

【译文/点评】此写春天湖堤柳枝嫩绿的情状。“郁金枝”是比喻，形容柳枝嫩黄如金的样子。

铺落花以为茵，结垂杨而代幄。

【注释】出自唐·宋之问《春游宴后部韦员外韦曲庄序》。茵，垫子或褥子。幄（wò），帐幕。

【译文/点评】此写春游坐于落花之上与垂柳之下的情景。前句写落花之多，暗点出是暮春；后句写垂杨之盛，点出的也是暮春的节候特征。

前村深雪里，昨夜一枝开。

【注释】出自唐·齐己《早梅》。

【译文/点评】此写腊梅早开之句。其中数词“一”的运用最是传神，通过“一”的唯一无二将所要突出的“早梅”开放的“早”义鲜明地突显出来。据说原诗是作“数枝”的，后来郑谷将之改为“一枝”，齐己也因此尊郑谷为“一字师”。

墙头丹杏雨余花，门外绿杨风后絮。

【注释】出自宋·晏几道《木兰花》词。丹杏，红杏。

【译文/点评】此写雨过墙头尽是红杏残花、风过门前皆是绿杨之絮的景象。

蔷薇性野难拘束，却过邻家屋上红。

【注释】出自宋·赵与滂《花院》。

【译文/点评】此写蔷薇爬上邻居屋顶开花的情态。但诗人不这样直写，而是以拟人修辞法，将蔷薇人格化，使其带有人的生命情态（“性野”、“难拘束”、“过邻家”），从而化平淡为生动，形象地再现了蔷薇攀屋开花的情状。

侵阶草色连朝雨，满地梨花昨夜风。

【注释】出自唐·来鹄《寒食山馆书情》。侵，指蔓延到。

【译文/点评】此写寒食节前后雨意绵绵、碧草侵阶，夜寒风狂、梨花凋零的景象。

青青河边草，悠悠万里道。

【注释】出自晋·傅玄《青青河边草篇》。悠悠，远貌。

【译文/点评】“青青”写河边草之色，“悠悠”状万里道之长。叠词之用，形象与声音俱在。

青青河畔草，郁郁园中柳。

【注释】出自汉·无名氏《青青河畔草》。郁郁，茂盛之状。

【译文/点评】“青青”状河畔之草，“郁郁”写园中之柳，无限的春意皆见之于两个叠音词之上。

青苔石上净，细草松下软。

【注释】出自唐·王维《戏赠张五弟諲三首》之一。

【译文/点评】此写春天石上青苔新生、松下细草柔软的景象。“净”，指青苔初生之态；“软”，是写绿草细柔之状。前句写视觉形象，后句写触感体验。不仅意象丰富（松、石、青苔、细草，大小俱全)，而且通过“净”、“软”的感觉体验自然地传达出诗人对于春天的喜悦之情。

青条若总翠，黄花如散金。

【注释】出自晋·张翰《杂诗三首》之一。青条，指油菜花的枝干。若，像。总翠，聚积的翠玉，指枝干上结出的嫩绿的籽荚。黄花，此指油菜花。

【译文/点评】油菜枝干上缀满嫩绿的籽荚，就像是翠玉聚合在一起；油菜花飘落而下，就像黄金洒地一般。此以比喻修辞法，将油菜的籽荚比翠玉，将油菜花比黄金，从而让人由此及彼展开丰富的联想，从而写出了春天油菜花结籽飘花时那种美丽的景观。特别是后句非常有名，唐代诗人李白曾写诗专颂此句道：“张翰黄花句，风流五百年。”(《金陵送张十一再游东吴》)

清霜醉枫叶，淡月隐芦花。

【注释】出自元·许有壬《荻港早行》。

【译文/点评】前句运用拟人修辞法将枫叶人格化，以动词“醉”来写枫叶之红的情状，不仅突出了枫叶的颜色，而且使非人的枫叶有了人的生命情态，顿然显得可亲可近。后句运用烘托法，以淡月与芦花互相映衬，突出了淡月不明、芦花隐隐的月夜景象，深富迷离与朦胧之感，给人以丰富的想象空间。

清香传得天心在，未许寻常草木知。

【注释】出自明·方孝孺《画梅》。天心，指天然的纯真本性。

【译文/点评】此言梅花的天然清香所寄托的人之天然情性，不是普通草木可知的。意在赞颂梅花的清幽高洁品性，同时也是借物写心，表达了诗人自己高洁的人格追求。

清香自满不因风，玉色素高非斗雪。

【注释】出自宋·王铚《明觉山中始见梅花戏呈妙明老》。玉色，指白色。素，向来。

【译文/点评】此言梅花香气四溢，并不是因为风吹的作用；它洁白的颜色一向如此，并非是为了与雪一比高低。意谓梅花香气发自内里，洁白无瑕乃是天然。

晴川历历汉阳树，芳草萋萋鹦鹉洲。

【注释】出自唐·崔颢《黄鹤楼》。历历，清晰分明的样子。萋萋，指草茂盛的样子。

【译文/点评】此写黄鹤楼上所见之景象：远望江汉平原一望无垠，日朗天清，汉阳远树历历在目；近观鹦鹉洲上，花红叶绿，芳草连天。叠字“历历”、“萋萋”的运用，前者状远树清晰可见之貌，后者写芳草茂盛之状，让人有如临其境之感。“汉阳树”与“鹦鹉洲”相对，不仅形式上对仗工整，而且意境上融为一体，使诗句所描绘的境界更为阔大，给人回味的空间更大。

晴窗画出横斜影，绝胜前村夜雪时。

【注释】出自宋·陈与义《和张矩臣水墨梅五绝》之五。晴窗，指画纸。绝胜，远远超过。夜雪时，指梅花。

【译文/点评】此言纸上所画的梅花比真实的梅花还好看。此二句的高妙处在于巧妙地化用了前人两个名句。前句的“横斜影”与后句的“夜雪时”都是指梅花。前者化用北宋林逋《山园小梅》“疏影横斜水清浅，暗香浮动月黄昏”之句，后者化用唐人齐己《早梅》“前村深雪里，昨夜一枝开”之句。由于所化之句都是人们熟知的名句，所以读来不仅非常亲切，而且会让人由此及彼而作丰富的联想，有味之无穷之感。

群居不倚，独立不惧。

【注释】出自宋·苏轼《墨君堂记》。群居，成群居住。

【译文/点评】此写竹丛生而不依附他物，独枝生长也不畏风雨的形象，意在赞颂友人文与可的人格，同时也表现了自己特立独行的人格追求。

冉冉柳枝碧，娟娟花蕊红。

【注释】出自唐·杜甫《奉答岑参补阙见赠》。冉冉，柔软下垂的样子。娟娟，秀美的样子。

【译文/点评】此写柳枝碧绿、柳条柔垂，花蕊初绽、粉红娟秀的景象。

人间天上高低影，月下风前自在香。

【注释】出自宋·杨炎正《桂花》。

【译文/点评】此言月中有桂树的传说，人间有桂花月下飘香。将现实与神话打通，使诗的意境更形阔大，更具美感。

日日春光斗日光，山城斜路杏花香。

【注释】出自唐·李商隐《日日》。

【译文/点评】前句言春意一天天浓郁起来，好像是与一天天温暖起来的阳光在比赛；后句写山城之路曲曲弯弯，路旁杏花香气袭人的景象。

日中荷叶影亭亭，雨里芭蕉声簌簌。

【注释】出自元·萨都剌《雨伞》。

【译文/点评】此写阳光下的荷叶与雨中芭蕉的形象。二句皆运用了叠字修辞法，前者以“亭亭”状荷叶日中高耸挺立之貌，后者以“簌簌”写雨打芭蕉之声，让人如临其境，如睹其形，如闻其声，现场感极强。

柔条纷冉冉，落叶何翩翩。

【注释】出自三国魏·曹植《美女篇》。纷，众多。冉冉，指柔弱貌。翩翩，指飞动貌。

【译文/点评】此乃写桑树之句。“冉冉”状柔条万千之貌，“翩翩”写落叶飞动之状，形象感极强。

揉破黄金万点轻，剪成碧玉叶层层。

【注释】出自宋·李清照《摊破浣溪沙·揉破黄金》词。

【译文/点评】此言绽放的点点花瓣就像黄金被揉碎了一样，层层的叶子就像是碧玉剪成的一样。这是以比喻修辞法描写花开叶绿的形象。“万点轻”是夸张，是指从花蕾中吐放出的许多花瓣。“层层”是叠字，意在表现花叶茂密的情状。

弱柳从风疑举袂，丛兰浥露似沾巾。

【注释】出自唐·刘禹锡《和乐天春词依忆江南曲拍为句》。从风，随风。疑，此为“好像”意。袂（mèi），衣袖。丛兰，丛集的兰花。浥（yì），湿润的样子。

【译文/点评】随风起舞的杨柳就像美人迎风举袂，丛集的兰花被露水湿润就像沾湿的手巾。二句都是运用了比喻修辞法，通过由此及彼的牵连搭挂，将无生命的柳、兰写得鲜活无比，让人情不自禁生发出无限的联想，由此大大提升了诗句的审美情趣与艺术感染力。

飒飒西风满院栽，蕊寒香冷蝶难来。他年我若为青帝，报与桃花一处开。

【注释】出自唐·黄巢《题菊花》。飒飒（sà），风声。西风，秋风。蕊寒香冷，指在寒冷的天气中吐蕊飘香。青帝，指春神。报，判定。一处，一起。

【译文/点评】此诗是咏菊花之作，其意是说，菊花迎着秋风，在严寒中吐蕊飘香，却没有蜂蝶来采花，殊不公平；如果自己是春神，一定要将菊花的开放期提前到与桃花开放同时，以还菊花一个公平的待遇。菊花开放于秋天九月，乃是自然现象；菊花是植物，自不会因为自己花开而无蜂蝶来采花而生发不公平之感。但是，诗人却偏要从此角度着笔，通过替菊花打抱不平的笔触，既达到了歌颂菊花傲霜斗寒、寒中送香的品性，也借物写心，表达了诗人立志要改变世界的宏愿。“青帝”一词虽是春神的别称，但诗人何尝没有暗指人间帝王之意？

扫地可怜花更落，卷帘无奈燕还来。

【注释】出自宋·贺铸《海陵西楼寓目》。可怜，可惜。无奈，没办法、无法。还来，回来。

【译文/点评】春尽花落、春去燕飞，这乃自然现象。但是，诗人却不愿春去，于是看到落花满地就去扫，希望扫去落花而留住春天，这是一种痴情的表现。然而，落花扫尽花又落，诗人无奈。于是，为了找回春天的感觉，诗人写扫去落花更有花、卷帘迎燕燕不来的情景，表达一种对春去而不归的惆怅之情。

沙洲枫岸无来客，草绿花开山鸟鸣。

【注释】出自唐·张继《郢城西楼吟》。

【译文/点评】此写河岸皆枫树、沙洲静无人，草绿花儿开、鸟鸣山野中的景象。

山城过雨百花尽，榕叶满庭莺乱啼。

【注释】出自唐·柳宗元《柳州榕叶落尽偶题》。

【译文/点评】此写柳州二月“春半如秋”的反常景物（“百花尽”、“莺乱啼”），将诗人遭贬受抑、身处“瘴疠之地”的凄苦、烦忧心境突显无遗。

山花如绣颊，江火似流萤。

【注释】出自唐·李白《夜下征虏亭》。绣颊，即绣面，亦称花面。唐代有少女妆饰面颊的风俗，这里是以“绣颊”代指绣颊少女。江火，即渔火，江中夜晚行船上所点之灯火。

【译文/点评】此二句之妙在于比喻新颖贴切。前句以绣颊少女比月下江岸的山花，突出了山花的朦胧美；后句以流萤比江中的渔火，既突出了江面之辽阔，又凸显了明月之皎洁，使渔火相形黯淡不显。

山花照坞复烧溪，树树枝枝尽可迷。

【注释】出自唐·钱起《山花》。坞，此指四面高中间低的山地。

【译文/点评】此言山花映山、映水，满山树木也因之映衬得令人醉迷。“照坞”与“烧溪”，都是夸张修辞法，写山花的红色照亮了山坞、映红了溪水的样子。

谁怜流落江湖上，玉骨冰肌未肯枯。

【注释】出自宋·李清照《瑞鹧鸪》词。

【译文/点评】此写银杏虽生长环境不好，但不改其坚贞的本性仍然屹立不枯。此以拟人修辞法将银杏人格化，使其带有人的生命情态（玉骨冰肌），既歌颂了银杏顽强的生命力，也借物写人，歌颂了君子处逆境而壮心不改的高洁品格。

剩水残山无态度，被疏梅料理成风月。

【注释】出自宋·辛弃疾《贺新郎》词。剩水残山，指冬天萧瑟凋零的山水风光。无态度，指没有景致。料理，安排，此指点缀。风月，指优美的风光。

【译文/点评】此言稀疏的树枝上开出的梅花虽然不多，却点缀出萧瑟冬天里的一片美丽风光。意谓梅花的开放给冬天带来了生气，构成了冬日里一道亮丽的风景线。

始怜幽竹山窗下，不改清阴待我归。

【注释】出自唐·钱起《暮春归故山草堂》。怜，爱。

【译文/点评】此写故园翠竹傍窗、清阴可爱之状。但诗人却不直笔而抒本意，而是以拟人修辞法将竹人格化，说竹“不改清阴”是为了等待自己归来。如此一比，原来无情之物的竹，顿然有了人的生命情态，让人顿起可亲可爱之感。由此与前句“始怜”相呼应，便构成了人爱竹、竹爱人的和谐之趣。同时“幽竹山窗”的景物描写，意境清远，让人由竹思人，写景中突出了诗人高雅的情趣与人格。

疏花个个团冰雪，羌笛吹他不下来。

【注释】出自元·王冕《素梅》。羌笛，此代指北风。因为羌笛是西北少数民族的乐器，羌笛之声吹来的地方自然是代指北方，夹带羌笛之声的风，自然只能是冬天的北风或西北风。

【译文/点评】此写梅花花朵被冰雪冻住，风吹不落的景象。虽然所写是平常之景，却表达得非常有艺术性。“疏花”，言梅花开花不多，意在突出这几朵梅花开得早。“团冰雪”，是指梅花被冰雪包裹冻住的样子，用“团”字，形象感非常强。后句的意思是说北风吹不落枝上梅花，但诗人却不如此直接表达，而是以“羌笛”代指北风，让人由此及彼，联想到北风发源的遥远之地，由风声联想到羌笛之声。这样，诗句的意境顿然阔大起来，审美价值也就大大提升了。

疏影横斜水清浅，暗香浮动月黄昏。

【注释】出自宋·林逋《山园小梅》。

【译文/点评】此乃写梅花的千古名句。“疏影”，写其花朵稀疏之状，暗含“花不在多在密，而在美和香”之意。“横斜”，写其枝条飘逸不拘的形象，意在突出其超逸的神韵。“暗香”，言其花香有心近闻而不得，无心远闻则异香，意在突出其与众不同之品格。“浮动”，是将香气比水，形象感特别强，是化抽象为具体的妙笔。“水清浅”与“月黄昏”，是写梅花开放的环境，也是从侧面对梅花品格进行的烘托。“水清浅”，言水清澈见底，意在突显梅花高洁的品格；“月黄昏”，写夜色的朦胧感，意在烘托梅花可望而不可即的超逸形象。短短两句十四字，可谓将梅花的高洁、清幽、芳香、超逸的品格与神韵写尽。正因为如此，这两句不仅引发了宋代以后历代无数文人骚客的掉头苦吟，甚至在宋代就被文坛大家极力赞赏。北宋著名文学家欧阳修就曾评价说：“前世咏梅者多矣，未有此句也。”（《六一诗话》）司马光也认为此二句“曲尽梅之体态”（《温公诗话》）。南宋诗人陈与义还专门写了一首《和张矩臣水墨梅》诗赞扬此二句说：“自读西湖处士诗，年年临水看幽姿。晴窗画出横斜影，绝胜前村夜雪时。”即认为林逋此二句超过了唐齐己《早梅》诗中的名句“前村深雪里，昨夜一枝开”。其他如辛弃疾、王十朋等南宋著名文学家也都有诗词咏叹此二句（相关文学史及诗话词话、辞书等都有记载或介绍）。但是，我们应该注意的是，林逋的此二句咏梅诗虽然艺术成就很高，却并不是无源之水、无本之木，而是渊源有自的。据考证，五代南唐诗人江为曾有残句“竹影横斜水清浅，桂香浮动月黄昏”。相比较林逋之句，只差二字，即林氏将江氏诗句的“竹”与“桂”分别改成了“疏”和“暗”。不过，因为改了这两个字，写到梅花身上就意境全开，再贴切不过了。这虽是“夺他人之酒杯”，但确实收到了点铁成金的效果。因此，林氏此句还是应该称道的，不过我们也不能忘记江为的首创之功。

树木丛生，百草丰茂。

【注释】出自汉 · 曹操《步出夏门行》。

【译文/点评】此写草木茂盛之貌。“丛生”，言树木之密集；“百草”是夸张，言草类之丰富。

衰草凄凄一径通，丹枫索索满林红。

【注释】出自金 · 董解元《西厢记诸宫调》卷六。凄凄，草茂盛的样子。索索，同“瑟瑟”，形容风吹树叶之声。

【译文/点评】此写秋天满眼枯草、唯余一道，秋风瑟瑟、满林枫红的景象。“凄凄”、“索索”两个叠字的运用，前者写枯草连天的萧条形象，后者状秋风啸林的凄厉之声，让人顿有如临其境之感。“一径通”，以道路细小反衬草地的广阔无际；“满林红”，以枫叶之红侧写出秋意之浓。

霜皮溜雨四十围，黛色参天二千尺。

【注释】出自唐 · 杜甫《古柏行》。霜皮溜雨，指古柏历经风霜雨雪而苍老的样子。黛色，青黑色。

【译文/点评】此写成都武侯祠古柏历经千百年风霜雨雪而仍然苍劲挺拔的雄姿。“四十围”与“二千丈”，都是夸张的说法，并非实写，意在强调突出古柏的粗大与高耸之状。在写树的同时，暗寓了对武侯诸葛亮人格与历史功绩的歌颂之意。关于这两句话，在宋代还曾引起过争论，如科学家沈括在其所著《梦溪笔谈》卷二十三中说："杜甫《武侯庙柏》诗云：'霜皮溜雨四十围，黛色参天二千尺。'四十围乃是径七尺，无乃太细长乎？"其他宋人有的反对，有的赞成。其实，他们都说错了，杜甫这样写，乃是一种修辞方式，运用的是"夸张"格，其意不是坐实，而是意在突出强调所欲表达的意思：武侯祠的古柏非常高大。

霜前柳叶衔霜翠，雪里梅花犯雪妍。

【注释】出自唐·王勃《春思赋》。犯，冒犯。妍（yán），美丽。

【译文/点评】此以拟人修辞法，将柳叶、梅花人格化，使其带有人的生命情态（柳叶衔霜、梅花犯雪），从而化平淡为生动，将霜前柳叶碧绿、雪中梅花红艳的形象生动地再现出来。

水绕陂田竹绕篱，榆钱落尽槿花稀。

【注释】出自宋·张舜民《村居》。陂（bēi），池塘、山坡。榆钱，榆荚，形状圆而小，像小铜钱，故称。槿（jǐn），木槿，落叶灌木，花有红、白、紫等颜色。

【译文/点评】此写水绕坡田、竹绕篱笆，榆钱落尽、木槿花稀的暮春景象。

水映临桥树，风吹夹路花。

【注释】出自隋·杨广《杨叛儿曲》。

【译文/点评】此写临桥树影映于水中、风吹花落、夹路飘香的春日之景。

似雾中花，似风前雪，似雨余云。

【注释】出自宋·周晋《柳梢青》词。

【译文/点评】此以比喻修辞法写春天杨花漫天飞舞的情状，让人由花、雪、云的形态联想开去，大大扩张了诗句的意象内涵，提升了诗句的审美价值。

松柏本孤直，难为桃李颜。

【注释】出自唐·李白《古风》。

【译文/点评】松柏巍然独立、枝干笔直，其给人的印象是苍劲挺拔、严肃孤直，没有桃李之花那样有媚人之态。此句表面是在礼赞松柏不同于桃李的劲挺孤直之美，实则是借景抒怀，表达对不肯媚俗的孤直之士的礼赞之情。

松含风里声，花对池中影。

【注释】出自唐·王维《林园即事寄舍弟紞》。

【译文/点评】此写风吹松涛起、池水映花影的景象。

素心常耐冷，晚节本无瑕。

【注释】出自清·许廷荣《白菊》。

【译文/点评】此二句乃是运用双关修辞法，表面写白菊性本耐寒、花白无瑕，实际上是歌颂那些心地纯洁、守节不渝的君子。“素心”，可以作“白色的花心”理解，也可以作“纯洁之心”理解；“晚节”表面可以作“秋晚时节”理解，也可作“人到晚年的气节”理解。“无瑕”表面可作“菊花颜色纯正”理解，也可作“君子道德无瑕疵”理解。如此一语而具两层意蕴，不仅使诗句隽永耐读，而且也大大拓展了诗的意境。

岁老根弥壮，阳骄叶更阴。

【注释】出自宋·王安石《孤桐》。弥，越。

【译文/点评】此写梧桐年代愈久而根须愈壮，太阳越是酷烈而愈是枝繁叶茂、浓阴蔽日的样子。表面是写树，实则借物写心，表达了诗人“烈士暮年，壮心不已”的报国豪情。

他家本是无情物，一向南飞又北飞。

【注释】出自唐·薛涛《柳絮》。他家，此指柳絮。

【译文/点评】此写柳絮漫天飞舞、没有方向的样子。柳絮飞舞，这本是春天非常平常的景象，但是诗人运用拟人修辞法，将柳絮人格化，说它飘飞不定是“无情”，这就顿然使无生命的柳絮有了人的生命情态，让人产生了极其丰富的联想，平常景象顿然有情有味起来。

他日差池春燕影，只今憔悴晚烟痕。

【注释】出自清·王士祯《秋柳》。他日，指以前。差池，即参差。

【译文/点评】此写秋天只见柳叶憔悴之色，不见春天柳绿枝上、燕飞树间的情景。此乃悲秋之句，表达的却是惜春之意。

苔痕上阶绿，草色入帘青。

【注释】出自唐·刘禹锡《陋室铭》。

【译文/点评】台阶之上生出新绿的苔藓、打开窗户映入眼帘的是连天的碧草。此乃诗人自夸居室清幽雅致之句，读之不禁令人心向往之。“上”、“入”都是动作感很强的动词，带有鲜明的主动性，从而更能突显苔藓爬阶、草色入眼的逼人气势与主动情态，不仅形象生动，更能让人从中体会到春天给人带来的无限生机与活力。

棠梨叶落胭脂色，荞麦花开白雪香。

【注释】出自宋·王禹偁《村行》。

【译文/点评】此写棠梨叶落花红、荞麦花开白而香的景象。“胭脂色”与“白雪”，都是比喻修辞法的运用，分别描写棠梨之花红艳、荞麦之花洁白的颜色。

桃红复含宿雨，柳绿更带朝烟。

【注释】出自唐·王维《田园乐七首》之六。宿雨，隔夜之雨。朝烟，指晨雾。

【译文/点评】此写桃花带雨、晨雾笼柳的景象。

桃花记得题诗客，斜倚春风笑不休。

【注释】出自金·元好问《杨柳》。

【译文/点评】唐代诗人崔护有一首《题都城南庄》诗：“去年今日此门中，人面桃花相映红。人面不知何处去，桃花依旧笑春风。”这首诗在历史上之所以有名并流传广泛，是因为它背后还有一段动人的爱情故事。崔护进士考试落选，心情郁闷，到都城南庄踏青散心，口渴而至一家求水。开门者为一姑娘，二人一见倾心，彼此有意。第二年同样的时候，崔护忽记去年之事，复往寻之，未见姑娘，乃于其门上题诗一首而回。姑娘见诗，思念而死。其父大哭之时，崔护又来庄上，闻哭声而至其家，见死者正是自己心爱的姑娘，于是抚尸大哭，姑娘复活。于是二人结为夫妇。（事见五代孟棨《本事诗》）上面两句诗即化自崔护诗的三四句，吟咏的正是此事。虽化自崔诗，但却别有寄慨。诗以拟人修辞法将桃花人格化，说桃花记得历史上很多想模仿崔护的题诗客也题诗表情，却都没有结果，反而让桃花倚风而笑。这明显是借桃花而表达诗人自己的意见，即认为题诗得佳人的事是不可复制的，如果一味作不切实际的幻想而模仿重复，只能落得被世人笑话的结局。由于是借桃花的角色来表达，故而表意相当婉转，真正达到了唐人司空图所说的“不著一字，尽得风流”（《诗品》）的崇高意境，让人味之无穷。

桃花乱落如红雨。

【注释】出自唐·李贺《将进酒》。

【译文/点评】此写桃花纷落的景象。“乱落”，言桃树花开之盛、花落之多；“如红雨”，乃比喻，形容红艳的桃花从天而降、绵绵不绝的情状。

桃花香，李花香，浅白深红，一一斗新妆。

【注释】出自宋·秦观《江城子》词。斗，比。

【译文/点评】此写桃李之花香飘醉人、桃李之花色彩缤纷的春日景象。“斗新妆”，乃拟人修辞法，是将桃花、李花人格化，从而形象生动地呈现桃花、李花花开深浅不一、争奇斗艳的景象。

桃花嫣然出篱笑，似开未开最有情。

【注释】出自宋·汪藻《春日》。嫣（yān）然，笑容美好的样子。

【译文/点评】此以拟人修辞法，将桃花人格化，使其带有人的生命情态（“笑”、“有情”），从而形象地再现了桃花含苞欲放时的美丽形象，同时通过拟人手法拉近人与桃花的距离而表达出诗人对桃花的喜爱之情。

桃花一簇开无主，可爱深红爱浅红。

【注释】出自唐·杜甫《江畔独步寻花七绝句》。

【译文/点评】此写江畔野外桃花盛开、颜色深浅不一的情状。

桃蹊李径年虽古，栀子红椒艳复殊。

【注释】出自唐·杜甫《寒雨朝行视园树》。栀（zhì）子，春、夏开花的一种植物。

【译文/点评】前句言桃花、李花都是人们喜欢的花，所以它们树下都被人们踏出了蹊径。后句言栀子花与红椒虽然不被人们注意，却鲜艳异常，颇有与众不同的风姿。此乃通过对比，强调栀子花、红椒也是别有意味的花类，值得人们欣赏。

桃叶映红花，无风自婀娜。

【注释】出自晋·王献之《桃叶歌三首》之三。婀娜（ē nuó），此指轻盈柔美的样子。

【译文/点评】此句表面是写桃叶与桃花相互映衬、轻盈柔美的情态，实则借花树写人，赞美桃叶（王献之爱妾）的美丽可人。

薙草生还绿，残花落尚香。

【注释】出自唐·杨师道《奉和夏日晚景应诏》。薙（tì），割去野草。尚，还。

【译文/点评】割去的野草重新长出依然碧绿，花残凋零而香气犹存。此写花草的自然本性。

天街小雨润如酥，草色遥看近却无。最是一年春好处，绝胜烟柳满皇都。

【注释】出自唐·韩愈《早春呈张十八员外二首》其一。天街，指皇城中的街道。绝胜，远远超过。皇都，指唐代首都长安。

【译文/点评】此言早春时节是一年中最好的时候。首句以比喻修辞法，将早春的毛毛细雨对大地万物的滋润比作奶油润人，比得新颖，写出了对早春细雨的欣喜之情。次句写早春细雨过后春草透芽，若有若无的景象，突出了早春之“早”与新草的生机无限，寄予的是对早春的赞美之情。后二句是对前两句意蕴的诠释，因为烟柳满皇都之时，也就是春天即将离去之时。而早春却有无限的春光在后头，所以诗人用“绝胜”二字来强调。

天涯也有江南信，梅破知春近。

【注释】出自宋·黄庭坚《虞美人》。天涯，指极边远的地方。江南信，指春天的消息。梅破，指梅花开放。

【译文/点评】纵使是天涯海角，迟早也会有春的消息，梅花开放之日，便是春天脚步迈近之时。此言由梅花的开放可以预知春天的消息。

天憎梅浪发，故下封枝雪。

【注释】出自宋·周邦彦《菩萨蛮》词。浪发，滥开、没有节制地开。

【译文/点评】此写梅花盛开、大雪压枝、花雪一色的景象。但是，词人并没有这样直写其意，而是以拟人修辞法，将“梅”、“天”人格化，说梅花不知节制，一味滥开；说“天”有“憎”的情感态度，故意下雪封住梅枝，不让梅花再开。如此将非人的事物人性化，遂使“天”与“梅花”也有了人的生命情态，读之令人油然而生亲近可爱之感。

亭亭山上松，瑟瑟谷中风。风声一何盛，松枝一何劲。

【注释】出自汉·刘桢《赠从弟三首》其二。亭亭，耸立貌。瑟瑟，风吹树枝之声。一何，何等。盛，大、强劲。劲，强劲、坚强。

【译文/点评】此乃以松的品格激励其堂弟信守高洁、坚贞的品格，抱持宁静致远的志向。

晚色芙蕖静，秋香桂子寒。

【注释】出自宋·刘焘《题召伯埭斗野亭》。芙蕖（qú），荷花。桂子，桂花。

【译文/点评】此写暮色之中荷花静立水中、秋风之中桂花飘香的景象。

唯有牡丹真国色，花开时节动京城。

【注释】出自唐·刘禹锡《赏牡丹》。

【译文/点评】前句将牡丹比作冠绝天下的美女，意在让人由美女而联想到牡丹，从而对牡丹之美产生丰富的联想。后句写京城赏花的盛况，由人们对牡丹的普遍热爱而从另一个侧面反衬牡丹的非比寻常。

无端绕屋长松树，尽把风声作雨声。

【注释】出自元·虞集《院中独坐》。

【译文/点评】此写松树绕屋长、松涛似雨声的景象。这两句看似写景，实则别寄怀乡之情。诗人生于江南，看惯的是春风桃李，听惯的是杏花春雨，而身在大都（今北京），无聊时想有所消遣，看到的却是绕屋而长的松树，听到的却是如雨般的松涛之声，这如何不使诗人触景生情，对比中更思念江南故乡的杏花春雨。“无端”、“尽”二词是再清楚不过地将这种情感表露无遗了。

无风杨柳漫天絮，不雨棠梨满地花。

【注释】出自宋·范成大《碧瓦》。

【译文/点评】此写暮春时节柳絮漫天舞、棠梨之花落满地的景象。言“无风”，乃是强调柳絮漫天飞舞的盛况。无风尚且漫天舞，那么有风又如何，意在其中矣。说“不雨”，乃是意在突显花落缤纷的景象。没有下雨，棠梨之花就纷落满地，那么有雨之时，雨打梨花，又是如何一番景象呢？不禁让人顿生无限的联想。

无聊最苦梧桐树，搅动江湖万里心。

【注释】出自元·戴表元《秋尽》。无聊，指寂寞。

【译文/点评】此写秋天梧桐叶落，被秋风吹得满天飘舞，使身在万里江湖飘零的诗人心里更是伤感。前句写梧桐树“无聊”、“最苦”，这是拟人修辞法的运用，意在使梧桐树人格化，让其带有人的生命情态，从而代表诗人表达沦落万里江湖的悲伤之情。后句“江湖”，是借代沦落江湖之人。“万里”，是夸张，是说离家之远，意在强调诗人悲秋思乡的伤感之情。

梧桐真不甘衰谢，数叶迎风尚有声。

【注释】出自宋·张耒《夜坐》。

【译文/点评】此写秋天梧桐叶落、数叶尚存、瑟瑟有声的情景。秋风扫落叶，这本是自然界极其平常的景象；但是，诗人以“拟人”修辞法将梧桐人格化，说它有“不甘”之情，有“迎风”之举，由此梧桐便顿然有了人的生命情状，平常的景象描写出来便顿然有了无限的情趣，让人联想，回味无穷。

五月临平山下路，藕花无数满汀洲。

【注释】出自宋·道潜《自姑苏归西湖临平道中作》。临平，即今天的浙江余杭，在杭州市附近。汀（tīng），水边平地。洲，水中小块陆地。

【译文/点评】此写五月临平到处都是荷花盛开的景象。前两句是“风蒲猎猎弄轻柔，欲立蜻蜓不自由”。

五月榴花照眼明，枝间时见子初成。

【注释】出自唐·韩愈《榴花》。子，此指石榴果实。

【译文/点评】此写五月石榴花开、果实初成的情景。前句写花，后句写果；前句写明处的花，后句写暗里的果。如此对比描写，既使所写内容全面，又交代了花果之间的关系。

溪上东风吹柳花，溪头春水净无沙。

【注释】出自元·赵孟頫《溪上》。

【译文/点评】此写暮春时节溪上风光。前句写溪上春风轻拂，柳絮飞扬之景；后句写溪头春水青碧，泥沙尽净之状。前句所表现的是一种自由自在的情调，后句所表现的是一种一尘不染的境界。

溪上新荷初出水，花房半弄微红。

【注释】出自宋·米友仁《临江仙》。

【译文/点评】此写新荷出水、花开半红的景象。动词“弄”的运用，非常生动，使人由半红的荷花联想到少女因害羞而微红的脸庞，词句的意境也因之而顿时大开。

细草香飘雨，垂杨闲卧风。

【注释】出自唐·刘长卿《过横山顾山人草堂》。

【译文/点评】此写雨中飘草香、垂柳风中舞的景象。前句的正常语序应是“雨飘细草香”，之所以这样写，那是因为律诗对仗与韵律的要求。

细柳夹道生，方塘含清源。轻叶随风转，飞鸟何翻翻。

【注释】出自汉·刘桢《赠徐幹》。清源，清流。含清源，即水很清澈。翻翻，鸟飞翩翩之貌。

【译文/点评】第一句写夹道而长的柳叶初绽之貌，以“细”字暗寓其意；第二句写池塘春水清澈之貌，以“清源”暗含山青之意；第三句是写风生水起、落叶飘转的景象，表现的是低头所见的一种自然天趣；第四句写鸟飞天空悠悠之貌，表现的是仰首所见的一种悠闲情调。

小楼一夜听春雨，深巷明朝卖杏花。

【注释】出自宋·陆游《临安春雨初霁》。

【译文/点评】此写春雨过后杏花开的节候特征。前句是写实，后句是想象。现实中的小楼听雨是那么富有情调，那么想象中的深巷卖花，又有怎样的意味呢？不禁让人浮想联翩，味之无穷。

小桃初破两三花，深浅散余霞。

【注释】出自宋·李弥逊《诉衷情》词。

【译文/点评】此写桃花初开、颜色深浅不一，就像夕阳西下时的余霞一般。前句写早春之“早”，“两三花”，说明桃花没到盛开之时，春意未浓。“散余霞”，是比喻，意在生动地再现桃花初绽而颜色深浅不一的形象。

小园桃李东风后，却看杨花自在飞。

【注释】出自宋·王令《济济》。杨花，即柳絮。

【译文/点评】此写小园春光轮替的景象：桃花谢、李花落，春风又吹柳絮飞。“自在飞”，乃拟人修辞法，将柳絮人格化，从而生动地突显出其漫天飞舞而毫无目标的形象。

新年鸟声千种啭，二月杨花满路飞。

【注释】出自北周·庾信《春赋》。啭（zhuàn），鸟婉转地叫。杨花，即柳絮。

【译文/点评】此写早春二月鸟鸣于树间、柳絮飞满路上的情景。“千种啭”，乃夸张手法，意在渲染、强调鸟鸣的宛转动听。

杏子梢头香蕾破，淡红褪白胭脂涴。

【注释】出自宋·苏轼《蝶恋花》词。涴（wò），被泥玷污、弄脏。

【译文/点评】此写杏花枝头花蕾绽开后，花色渐由淡红转为白色的样子。“胭脂涴”，是个比喻，是说杏花由淡红转白，就像是胭脂被玷污了一样。

雪岸丛梅发，春泥百草生。

【注释】出自唐·杜甫《陪裴使君登岳阳楼》。丛梅，丛集的梅花。百草，众草。

【译文/点评】此写河岸雪中丛梅怒放、百草孕育于春泥之中的景象，表现的是一种春天即将回归大地的喜悦之情。

雪后园林才半树，水边篱落忽横枝。

【注释】出自宋·林逋《梅花》。

【译文/点评】此写雪后园林树木半埋于雪中、梅花开于篱边水旁的景象。

雪虐风饕愈凛然，花中气节最高坚。

【注释】出自宋·陆游《落梅》。雪虐（nüè），指雪大。风饕（tāo），风烈。凛（lǐn）然，严厉的样子。

【译文/点评】此言在狂风暴雪之中，梅花斗寒傲雪，就像一个花中君子凛然不可侵犯，气节坚贞。意在赞扬梅花品格的高尚。

雪似梅花，梅花似雪，似和不似都奇绝。

【注释】出自宋·吕本中《踏莎行》词。似，像。

【译文/点评】此以雪与梅花互作比喻，从不同侧面描写了梅花的洁白美丽情状。

雪竹低寒翠，风梅落晚香。

【注释】出自宋·林逋《山村冬暮》。

【译文/点评】雪中之竹，虽被压弯枝干，却仍青枝绿叶不改；风中之梅，花落飘飞，香气充溢着天地。此写竹、梅傲雪斗寒的形象。

寻常一样窗前月，才有梅花便不同。

【注释】出自宋·杜耒《寒夜》。

【译文/点评】此写窗前明月在天、窗下梅花初发的情景。写景中不露痕迹地表露出诗人寒夜赏梅的欣喜之情。

鸭头春水浓如染，水面桃花弄春脸。

【注释】出自宋·苏轼《送别诗》。鸭头春水，指春水如鸭头毛羽一样的浓绿。

【译文/点评】前句运用比喻修辞法，写春水浓绿之状；后句以“拟人”修辞法，写纷落的桃花漂流于水面、激起水面涟漪的情状。春水碧绿、桃花逐水，本都是非常平常的春日景象，但经过诗人这么一比一拟，便顿然显得生动形象，情趣盎然。

胭脂雪瘦薰沉水，翡翠盘高走夜光。

【注释】出自金·蔡松年《鹧鸪天》词。薰，一种香草。

【译文/点评】前句写荷花，后句写荷叶。“胭脂雪瘦”，是比喻，形容荷花红中透白的颜色。“薰沉水”，是写荷花的香气就像是香草浸入水中所发出来的一样。“翡翠盘”，是比喻荷叶青翠而圆的样子。“走夜光”，也是比喻，是说荷叶上的露珠在月光的反射下就像夜光珠一般。荷叶与荷花都是平常之物，但是通过诗人如此多方面的新颖设喻，顿显荷叶、荷花原来也有如此的魅力让人释怀不下。

烟暖柳惺忪，雪尽梅清瘦。

【注释】出自宋·毛滂《生查子》词。惺忪，睡眼迷蒙的样子。梅清瘦，指梅花凋零、花枝稀疏的样子。

【译文/点评】此以拟人修辞法，将柳、梅人格化，使其带有人的生命情态（“柳惺忪”、“梅清瘦”），形象地写出了初春时节天气渐暖、柳枝吐芽，春雪过后梅花凋零、花枝稀疏的情状。

嫣然一笑竹篱间，桃李漫山总粗俗。

【注释】出自宋·苏轼《寓居定惠院之东杂花满山有海棠一株土人不知贵也》。嫣然，笑容美好的样子。

【译文/点评】此写海棠花开于竹篱之间清丽高雅之态。“嫣然一笑”，是以美人比海棠花开灿烂之态，乃是拟人修辞法的运用。“桃李漫山”，本是非常美丽的景象，但是，对比于海棠，则有“总粗俗”之感。这是以桃李之美衬托海棠之美，乃是烘云托月之法，意在突显海棠花与众不同的清雅之姿。

燕草如碧丝，秦桑低绿枝。

【注释】出自唐·李白《春思》。

【译文/点评】此写春天到处都是碧草如茵、桑树枝绿的景象。“燕草”、“秦桑”，都是借代修辞法，并非实指燕国的草、秦国的桑，而是列举二地以概括全国，从而突显春天无论东西南北都是一派春光的景象。“如碧丝”，是比喻，形容草绿而细的样子。“低绿枝”，是写桑叶压弯树枝的样子，突显的是桑叶长得茂盛的情状。

杨花榆荚无才思，惟解漫天作雪飞。

【注释】出自唐·韩愈《晚春》。惟解，只知道。

【译文/点评】此以拟人修辞法，将杨花、榆荚人格化，使其带有人的生命情态（“无才思”、“惟解”），从而生动形象地写出了暮春时节杨花、榆荚漫天飞舞的情状，同时借物写人，表达了惜春的伤感之情。

杨柳青青沟水流，莺儿调舌弄娇柔。

【注释】出自金·元好问《杨柳》。

【译文/点评】此写柳色青青、流水潺潺、莺试初声的春日景象。“青青”状杨柳之色，“娇柔”写黄莺啼叫之声。前后两句配合，遂绘就了一幅“有声有色”的春日杨柳黄莺流水图，读之让人如临其境。

杨柳丝丝弄轻柔，烟缕织成愁。

【注释】出自宋·无名氏《眼儿媚》词。

【译文/点评】此以拟人修辞法，将杨柳人格化，使其带有人的生命情态（“弄轻柔”），从而借杨柳依依、烟缕无边的景象，表达男女相思的无尽忧愁。

杨柳阴阴细雨晴，残花落尽见流莺。

【注释】出自唐·武元衡《春兴》。

【译文/点评】此写暮春时节的景象。“杨柳阴阴”、“残花落尽”，都是春残春暮的表征，写的是哀景。“细雨晴”、“见流莺”，写雨后天晴、春残见流莺，则有惊喜之意。因此，此二句虽是写暮春之景，却并无凄切之情，与一般的叹春惜春之句大异其趣。

摇荡春风媚春日，念尔零落逐寒风，徒有霜华无霜质。

【注释】出自南朝宋·鲍照《梅花落》。尔，此指其他在春天开放的花类。华，花。

【译文/点评】此言众花都是在春风丽日中开放，一到秋寒时候便随风凋谢，徒有梅花之表而无梅花傲寒斗雪的内质。

这是借咏梅花品质而讽刺毫无节操的小人。

摇摇弱柳黄鹂啼，芳草无情人自迷。

【注释】出自唐·温庭筠《经西坞偶题》。

【译文/点评】此写柳枝嫩绿、黄鹂初啼、芳草连天的早春景象。“摇摇”，用叠字修辞法写柳枝细嫩、弱不禁风之状，暗中点出早春的“早”。“弱柳”、“黄鹂啼”，都是早春时候的物候特征，也是暗中含“早”意。后句言“芳草无情”，意在说人有情，这有“人自迷”作了注脚，表达了诗人对早春景象的欣喜之情。

遥知不是雪，为有暗香来。

【注释】出自宋·王安石《梅花》。

【译文/点评】前句以否定式比喻修辞法写梅花颜色的洁白形态，后句补叙前句“不是雪”的原因，自然逼出“梅花香自苦寒来”的真理。

野草芳菲红锦地，游丝撩乱碧罗天。

【注释】出自唐·刘禹锡《春日书怀寄东洛白二十二杨八二庶子》。芳菲，花草芳香的样子。游丝，春天飘浮于空中的虫类吐出的长丝。

【译文/点评】此写春天碧草如茵、花开红艳、游丝浮动、天如碧罗的景象。“红锦地”，是指花开于绿草之中，就像铺了红锦一般；“碧罗天”，是指天空澄清碧蓝的样子。前句写地下，后句写空中，由此便将春天上下天光都写进了两句诗中，从而构成了一幅气象阔大、色彩丰富的图画，令人浮想联翩，不禁为之陶醉。

野何树而无花，水何堤而无草。

【注释】出自唐·王勃《春思赋》。何树，意即所有的树。何堤，意即所有的堤岸。

【译文/点评】此写原野之树繁花满枝、水堤之岸碧草连天的景象。

野花无限意，处处逐人行。

【注释】出自唐·鲍溶《范真传侍御累有寄因奉酬十首》之四。逐，追。

【译文/点评】此以拟人修辞法，将野花人格化，使其带有人的生命情态（“无限意”、“逐人”），从而将平常情事艺术化，遂将野花遍地、随处可见的春日景象作了形象生动的再现。

野梅烧不尽，时见两三花。

【注释】出自明·刘基《古戍》。

【译文/点评】此写野生梅花在战火中依然怒放的情景，意在赞颂梅花不屈不挠的品格与旺盛勃发的生命力。

野棠开未落，山樱发欲然。

【注释】出自南朝梁·沈约《早发定山》。野棠，野外生长的海棠。山樱，山中生长的樱桃树。然，同“燃”，指花红似火的样子。

【译文/点评】此写山野之中海棠结果、樱桃花开的春日景象。

野桃含笑竹篱短，溪柳自摇沙水清。

【注释】出自宋·苏轼《新城道中》。

【译文/点评】此写竹篱短矮、野桃傍之而开，水清沙白、柳依水而摇的景象。“含笑”，乃拟人修辞法，将野桃花并人格化，从而让人由物及人，想起美人含笑的倩影，扩展诗歌写景的意境。

叶密鸟飞碍，风轻花落迟。

【注释】出自南朝梁·萧纲《折杨柳》词。

【译文/点评】此写春日枝繁叶茂、鸟飞树间、轻风悠悠、花开不落的景象。“鸟飞碍”，是从鸟不能自由飞翔来间接突出强调林木叶密的情状；“花落迟”，是间接强调春风的轻柔之感。

叶上初阳干宿雨，水面清圆，一一风荷举。

【注释】出自宋·周邦彦《苏幕遮》词。宿雨，昨夜之雨。

【译文/点评】旭日升起，收干了荷叶上的隔夜雨点；荷叶出水，清亮圆润；微风吹来，低垂的荷叶一一舒展开来。此写雨后的荷叶在朝阳、清风中的形象。所写虽是平常事物，但由于观察细致，又善于抓住细节，所以别有一番楚楚动人的情致。

夜来能有几多寒，已瘦了梨花一半。

【注释】出自宋·黄升《鹊桥仙》词。

【译文/点评】此以拟人修辞法，将梨花人格化，使其带有人的生命情态（“瘦”），从而形象生动地表现了夜中寒风吹落梨花的情景，使平常叙事顿有一种艺术化的情趣。

一百五日寒食雨，二十四番花信风。

【注释】出自宋·胡仔《苕溪渔隐丛话》引宋·徐俯诗。一百五日，自冬至到寒食节共一百零五天。花信风，指应花期而至的风为花信风。二十四番花信风，指二十四种花信风。从小寒到谷雨，共有八个节气，每个节气有三候，每候一种花信，故有二十四种花信。

【译文/点评】此写节气与花信的关系。“一百五日”对“二十四番”，数量词对数量词；“寒食雨”对“花信风”，是节候相对。二句相对成文，文字工整，音律和谐，故成为人们乐道的名句。

一百五日又欲来，梨花梅花参差开。

【注释】出自唐·崔橹《春日长安即事》。一百五日，指寒食节，即清明前一天。

【译文/点评】此写寒食节将至，梅花落后梨花开的花期规律。

一川花送客，二月柳宜春。

【注释】出自唐·綦毋潜《送郑务拜伯父》。川，平地。

【译文/点评】以拟人修辞法将花人格化，使其有“送”

的动作，于是非生命的花便有了人的生命性状，花与人的关系也就更显亲密了，给人以无限的想象空间。

一川松竹任横斜。

【注释】出自宋·辛弃疾《江城子》词。川，平地。任，任性、任意。

【译文/点评】以拟人修辞法，通过一个“任”字将一川松竹自然生长、横斜生姿的鲜活形态栩栩如生地表现了出来，让人顿生爱怜之心。

一从香草足碍人，数尺游丝即横路。

【注释】出自北周·庾信《春赋》。游丝，春天飘荡于晴空里的虫类吐出的一种细丝。

【译文/点评】此写春光的美好，让人流连忘返。但是它妙在不从正面着笔，而用“碍人”、“横路”等负面含义的词将香草、游丝人格化，以此显出香草、游丝的无赖而又留人有方的形象。

一段好春藏不住，粉墙斜露杏花梢。

【注释】出自宋·张良臣《偶题》。

【译文/点评】前句是直言议论，但用了拟人修辞法，将非人类的抽象概念“春色”人格化，以与“藏不住”搭配，从而强化了春天必然随季节变化自然来临的意蕴。后句是写景，虽然未及杏花，只写到杏花枝梢露出墙外的景象，但春色已在杏花枝上了。就表意来说，这种含蓄的写法更能让人味之不尽，思之无穷。

一朵忽先变，百花皆后香。

【注释】出自宋·陈亮《梅花》。

【译文/点评】此乃赞颂梅花先于百花而开放，一花引得百花香的引领风骚者形象。“一朵”与“百花”，皆非实指，意在通过极少与极多的对比，突出梅花花开之早的主旨。

一番桃李花开尽，惟有青青草色齐。

【注释】出自宋·曾巩《城南》。

【译文/点评】此写暮春时节桃李花谢、碧草连天的景象。

一缄书札藏何事，会被东风暗拆看。

【注释】出自唐·钱珝《未展芭蕉》。

【译文/点评】此二句是写未展芭蕉叶心未舒之状。“一缄书札藏何事”，将未舒展开的芭蕉之叶比作一封书札（古代书札是卷成圆筒形的），不知里面会藏着什么秘密，不禁让人顿时浮想联翩。“会被东风暗拆看”，拟人与比喻修辞法并用，将东风（春风）拟人化，说芭蕉春天叶心舒展开来，就像一封书札被人拆开了偷看一样。由此，将无生命的芭蕉写活，给人以无限的想象空间。

一节复一节，千枝攒万叶。我自不开花，免撩蜂与蝶。

【注释】出自清·郑燮《板桥题画·竹》。节，枝节。攒（cuán），聚、聚集。撩，撩拨、挑逗。

【译文/点评】前两句写竹之节节往上、千枝万叶的样子；后二句将竹与花作比，意在强调竹的清雅脱俗的品格。写竹之中也寄托了诗人高雅脱俗的人格追求。

一片岚光凝不飞，数里松阴翠如滴。

【注释】出自宋·郑炎《赠张俞秀才游金华山》。岚(lán)，山中的雾气。凝，凝结。

【译文/点评】以岚光的凝而不飞与松阴的翠如滴相对，既写出了视觉上静态（“岚光”一片）的天上风光，又写出了心理上动态（“如滴”）的地下景象，仿佛一幅画，有动有静，有上有下。

一片水光飞入户，千竿竹影乱登墙。

【注释】出自唐·韩翃《张山人草堂会王方士》。

【译文/点评】此写水光入户、竹影在墙的景象。“飞入户”、“乱登墙”，乃将水光与竹影人格化，是拟人修辞法，突出了水光、竹影的生动形象。“乱”字之用，使水光竹影的自然之态更形生动。

一片晕红才著雨，几缕柔柳乍和烟。

【注释】出自清·纳兰性德《浣溪沙》词。晕红，指雨后海棠色泽朦胧之状。才，刚刚。著雨，被雨淋过。乍，忽然。

【译文/点评】此写海棠与杨柳雨后之姿。

一霎好风生翠幕，几回疏雨滴圆荷。

【注释】出自宋·晏殊《浣溪沙》词。一霎（shà），极短的时间。翠幕，指葱绿的树林就像一道翠绿的帘幕。滴圆荷，即“滴荷圆”，指雨点滴在荷叶上滚落成圆珠状。

【译文/点评】此写微风动树、疏雨滴荷的景象。

一树春风千万枝，嫩于金色软于丝。

【注释】出自唐·白居易《杨柳枝词》。

【译文/点评】此二句写垂柳之风姿，可谓妙绝千古。“一树春风千万枝”，以夸张修辞法，写出了春风催柳发，柳枝千丝万缕之茂盛状；“嫩于金色软于丝”，以比喻修辞法，写出了柳叶初发，其色如金，柳枝细柔犹如丝缕之状。二句配合，遂将春风中的垂柳生机勃发、鲜嫩诱人、轻盈袅娜之美写得栩栩如生、触手可及。

一树樱桃带雨红。

【注释】出自南唐·冯延巳《罗敷艳歌》。

【译文/点评】此写樱桃雨中红熟的景象。一枚樱桃红而艳，虽可爱但还是平常，而一树樱桃尽红，则就别是一番景象了。若衬以蒙蒙春雨为背景，那又是一番什么景象呢？不禁让人浮想联翩，顿生无限的追索兴味，这便是此句写景的妙处所在。

一种风流得自持，水村天与好腰支。月残风晓无穷意，说与桃花总不知。

【注释】出自清·汪绎《柳枝词》。自持，指柳树扎根很深，虽柳枝随风摆动，但根干稳重。水村，指水边、村边。腰支，即腰肢，比喻柳树的枝条。

【译文/点评】此乃咏柳的名句。前两句说柳扎根水边、村边，柳条随风摇曳，好像美女婀娜多姿的身材。但是，它虽有万般柔情，风韵夺人，但自持稳重，并不轻浮。后两句借用柳永“杨柳岸，晓风残月”句意，以比拟修辞法将柳枝、桃花人格化，赋予其人的生命情态，说桃花虽灿烂夺目，但不及柳条依依有情。在表达桃柳不可相比、二者难以沟通之意的同时，也婉约地借物达情，表达出诗人寻觅知音而不得的痛苦情感。

依依袅袅复青青，勾引春风无限情。

【注释】出自唐·白居易《杨柳枝词八首》之三。

【译文/点评】此以拟人修辞法，将杨柳人格化，使其有人的生命情态（“依依”、“袅袅”、“勾引”、“无限情”），从而生动地再现了杨柳在春风吹拂下枝条轻柔飘拂、柳叶青翠可爱的形象。

驿外断桥边，寂寞开无主。已是黄昏独自愁，更著风和雨。

【注释】出自宋·陆游《卜算子》词。

【译文/点评】此写梅花在风雨的黄昏独自开放于驿外断桥之旁的情景。“寂寞”、“独自愁”，是以拟人修辞法赋予梅花以人的生命情态，不仅使表达形象生动，而且借写物隐含了词人在风雨如晦的黄昏时分心中那份隐隐的来日无多、大志难展的忧愁，表露出词人一生自负满满，却曲高和寡，只能孤芳自赏的寂寞心情。

殷勤最是章台柳，一树千条管带春。

【注释】出自唐·雍陶《春咏》。章台，汉代洛阳北宫有章台门。

【译文/点评】此以拟人修辞法，将柳人格化，使其带有人的生命情态（“殷勤”），从而形象地再现了柳树千枝万条轻舞飞扬、一派春光的景象。

樱桃带雨胭脂湿，杨柳当风绿线低。

【注释】出自唐·刘禹锡《题裴令公亭》。胭脂，古代女子用以涂抹脸颊的一种红色化妆品。绿线低，指杨柳垂丝离地很近。

【译文/点评】此写樱桃花沾雨就像女子脸上的胭脂红，柳枝迎风飘舞、柳条丝丝垂地的景象。

影镂碎金初透月，声敲寒玉乍摇风。

【注释】出自唐·刘兼《新竹》。

【译文/点评】月光透过竹林投下一片阴影，竹叶间的空隙投射到地面就像碎金一样；轻风拂过，竹林沙沙有声，就像敲击冰凉的玉石所发出的声响。此以比喻修辞法描写月光下的竹影形象与风吹竹林的声响效果。

影随朝日远，香逐便风来。

【注释】出自唐·杨炯《梅花落》。便风，指顺风。

【译文/点评】此言随着旭日东升越升越高，梅花投射在地上的花影就越来越小，但香气则顺风传得很远很远。

幽花攲满树，小水细通池。

【注释】出自唐·杜甫《过南邻朱山人水亭》。攲（qī），倾斜。

【译文/点评】此写幽花满树、细流注池的景象，表现的是一种自然幽静的境界。

有情芍药含春泪，无力蔷薇卧晓枝。

【注释】出自宋·秦观《春日》。

【译文/点评】此写一夜春雨之后芍药带雨、蔷薇在枝的景象。诗句运用拟人修辞法，将芍药花、蔷薇花人格化，遂使非人类的芍药花、蔷薇花有了人的生命情态（“含春泪”、“卧晓枝”），平淡情事顿然有了无限的情趣，让人味之不尽。

有情无恨何人觉？月晓风清欲堕时。

【注释】出自唐·陆龟蒙《白莲》。无情有恨，是互文修辞法，意即有无情、有无恨。

【译文/点评】白莲本非人，它到底是有情还是无情，有恨还是无恨，何人能知呢？但是，到月晓风清之时，去看它那将堕未堕之态，你就会知道它是如何的妩媚动人。这是运用设问修辞法，于一问一答中将白莲那非同凡花俗卉的本色凸显出来。特别是“月晓风清欲堕时”一句所构拟的朦胧意境，尤其让人浮想联翩。

雨后却斜阳，杏花零落香。

【注释】出自唐·温庭筠《菩萨蛮》。

【译文/点评】此写雨后天晴、夕阳在山，杏花零落、香气四溢的景象。

雨荒深院菊，霜倒半池莲。

【注释】出自唐·杜甫《宿赞公房》。

【译文/点评】此写秋雨连绵使深院之菊显得落寞荒凉，秋霜无情使半池莲花为之倾倒的情景。写景中表露了对菊、莲行将衰竭的深切惋惜之情。

雨歇风轻一院香，红芳绿草接东墙。

【注释】出自唐·权德舆《杂言和常州李员外副使春日戏题十首》之九。红芳，指红花。

【译文/点评】此写雨过风轻、满院落花飘香，红花绿草由庭院而绵延至墙的春日景象。前句写嗅觉，后句写视觉。由嗅觉的“一院香”，自然引渡到“红芳绿草接东墙”的视觉写景，自然而亲切，全然没有“为写景而写景”的人工斧凿的痕迹。

雨中草色绿堪染，水上桃花红欲然。

【注释】出自唐·王维《辋川别业》。堪，经得起、可以。然，通“燃”。

【译文/点评】此写雨洗绿草草更绿、桃花落水花更红的景象。“绿堪染”，言草绿得要滴出绿来，可以用以染物了。这是夸张的说法，意在强调草色之绿。“红欲然”，言花红得像要燃烧起来的火苗一样，这是比喻，也是夸张，意在突出桃花的红艳之色。

欲传春消息，不怕雪深埋。

【注释】出自宋·陈亮《梅花》。

【译文/点评】此写梅花傲寒斗雪而迎春的形象。

圆荷浮小叶，细麦落轻花。

【注释】出自唐·杜甫《为农》。细麦，指刚抽穗的麦子。

【译文/点评】前句写荷叶叶圆、尚浮于水面的样子，后句写麦子刚刚抽穗扬花的情状。前句写荷叶动于水中，后句写麦花扬于空中，两相对比，也两相映衬，遂使画面更趋丰满。“小”与“轻”都带有轻柔的感觉，“叶”与“花”都是令人愉悦的意象，“浮”是向上的动作，“落”是向下的运动，如此构成对比映衬，更使诗句的内涵趋于丰满，意境趋于阔大。

月胧胧，一树梨花细雨中。

【注释】出自宋·陈克《豆叶黄》词。胧胧，朦胧。

【译文/点评】此写月夜细雨中看梨花的朦胧之美。雨中看花，本就有隔雾看花的朦胧之感，况又是朦胧的月夜，梨花带雨的朦胧形象就更显朦胧了。不过，正因为有朦胧之感，才能让人有无尽的联想，才能使诗句所写的景象有味之不尽的魅力。

乍暖柳条无气力，淡晴花影不分明。

【注释】出自宋·杨万里《春晴怀故园海棠二首》之一。

【译文/点评】此写初春乍暖时节阳光柔和、柳枝低垂、花影不明的景象。

沾衣欲湿杏花雨，吹面不寒杨柳风。

【注释】出自宋·释志南《绝句》。杏花雨，指春雨。杨柳风，指春风。

【译文/点评】前句写春雨霏霏、密如牛毛、沾衣欲湿的景象，后句写春风习习、吹面而不觉其寒的体感。“杏花雨”代“春雨”，“杨柳风”代“春风”，不仅使诗句对偶工整，而且也使诗句更具形象感，让人情不自禁地联想到春雨中杏花飘落、春风中杨柳轻舞之景象。

枝间新绿一重重，小蕾深藏数点红。

【注释】出自金·元好问《同儿辈赋未开海棠二首》。

【译文/点评】此写海棠花未开、花蕾红艳藏于绿叶之中的景象。“一重重”，是写海棠叶绿之状，也是为了呼应后句“小蕾深藏”之词，同时也是为了衬托“数点红”的“小蕾”。因此，这两句虽未写到海棠花开之状，却给人以无限的联想，比实写出来的海棠花更有诗意，更有令人反复回味的情趣。

知否，知否，应是绿肥红瘦。

【注释】出自宋·李清照《如梦令》词。

【译文/点评】知道吗，知道吗，风雨过后的海棠应是花少叶多。此乃词人对侍女“海棠依旧”之言所作的纠正。此句前两句是“昨夜雨疏风骤，浓睡不消残酒。试问卷帘人，却道‘海棠依旧’”。“绿肥红瘦”是全词的亮点，其妙处在于运用了拟人修辞法，将花与叶人格化，使其带有人的生命情态（“肥”、“瘦”），从而生动地再现了雨过风住之后海棠花稀叶绿之景象。

只言花似雪，不悟有香来。

【注释】出自南朝陈·苏子卿《梅花落》。不悟，没想到。

【译文/点评】此言花色如雪的梅花还有袭人的香气。意谓梅花不仅花美，而且花香。

中庭月色正清明，无数杨花过无影。

【注释】出自宋·张先《木兰花》词。杨花，指柳絮。

【译文/点评】前句写月色皎洁，后句写柳絮细白。月色与柳絮彼此映衬，益显月色之皎洁、柳絮之细白。这就好像是月下看美人，益显其美；马上看壮士，益显其壮。

竹怜新雨后，山爱夕阳时。

【注释】出自唐·钱起《谷口书斋寄杨补阙》。

【译文/点评】此言新雨过后的竹更可爱，夕阳晚照中的山更美丽。

竹林近水半边绿，桃树连村一片红。

【注释】出自宋·司马光《寒食许昌道中寄幕府诸君》。

【译文/点评】近水竹林映于水中，半边水面为之变绿；村落周边桃树成林，花开红成一片的景象。此写春日桃花竹林与水村相映成趣之美。

竹色水千顷，松声风四檐。

【注释】出自宋·真山民《山亭避暑》。

【译文/点评】此写千顷水面映竹色、风生四檐松涛声的景象。

竹色溪下绿，荷花镜里香。

【注释】出自唐·李白《别储邕至剡中》。

【译文/点评】前句写翠竹青青、溪水碧绿之景，后句写溪水如镜、荷花飘香之状。前句以翠竹映水写竹色之绿与溪水之清，是相互衬托；后句写溪水一平如镜、无风而水中有香，乃是暗写荷花之香。“镜里”，是个比喻，是说溪水一平如镜的样子。

竹深留客处，荷净纳凉时。

【注释】出自唐·杜甫《陪诸贵公子丈八沟携妓纳凉晚际遇雨二首》。

【译文/点评】此写竹深荷净、凉气宜人的山中之境。

竹影和诗瘦，梅花入梦香。

【注释】出自金·王庭筠《绝句》。

【译文/点评】此写诗人居住环境的清幽淡雅的格调。前句是比喻，别出心裁地将竹与诗联系搭挂到一起，形象地写出了竹的清瘦之影与诗人诗风的清雅之韵，给人以丰富的联想。后句写梅花之香的非比寻常，不以直笔叙写，而是说入梦都感受到其香味，这是运用折绕修辞法婉转地表达其意，给人以更多回味的空间。

竹影扫秋月，荷衣落古池。

【注释】出自唐·李白《赠闾丘处士》。扫秋月，指月光下的竹影不断晃动的样子。荷衣，荷叶。

【译文/点评】此写秋月照竹影、荷叶萎古池的景象。写的虽是哀景，却有一种凄美的诗意。

著意闻时不肯香，香在无心处。

【注释】出自宋·曹组《卜算子》词。著意，有意。

【译文/点评】此言兰花淡而似无的香气。

着意寻春不肯香，香在无寻处。

【注释】出自宋·辛弃疾《卜算子》词。

【译文/点评】此写梅花的香气若有若无的样子。“不肯”，是将梅花人格化，使梅花带有人的生命情态，于是寻常的写梅之句便顿然生动起来。

紫艳半开篱菊静，红衣落尽渚莲愁。

【注释】出自唐·赵嘏《长安晚秋》。紫艳，此指菊花。红衣，指莲花瓣。渚（zhǔ），水中的小块陆地、小洲。

【译文/点评】前句写菊花静静地半开于篱边的景象，后句写洲边莲花之瓣行将落尽的情景。前句表现的是菊花开放时的静谧之美，后句表达的是对莲花落尽的无限哀愁。“红衣”，是比喻的写法，形象地突出了莲花花瓣的鲜艳之色。“渚莲愁”，是拟人修辞法，是将莲花人格化，于写物中委婉地表现出诗人对莲花落尽的悲伤之情。

自恨开迟还落早，纵横只是怨东风。

【注释】出自唐·王维《牡丹花》散句。东风，春风。

【译文/点评】此以拟人修辞法，将牡丹花人格化，使其带有人的生命情态（有恨怨的情绪），从而借物而写人，生动地表达出诗人对牡丹开花迟、凋谢早的遗憾之情。

最爱湖东行不足，绿杨荫里白沙堤。

【注释】出自唐·白居易《钱塘湖春行》。湖，指西湖。

白沙堤，即今所说的西湖白堤，又称断桥堤。

【译文/点评】此写春天柳树成荫、人行于湖东白堤之上的愉悦之情。前句交代游西湖最佳所在，后句紧承前句，既说明了游人喜爱白沙堤的原因，又写出了唐代早春时节白沙堤垂柳夹岸的如画春光。“绿杨”与“白沙”在句中自对，给诗的意境别添了丰富的色彩感，犹如一幅画。

鸟兽虫鱼

暗飞萤自照，水宿鸟相呼。

【注释】出自唐·杜甫《倦夜》。

【译文/点评】此写暗夜之中萤火点点、夜宿之鸟喧戏水中的景象。

巴东三峡巫峡长，猿鸣三声泪沾裳。

【注释】出自北魏·郦道元《水经注·江水》引渔歌。巴东，古代郡名，在今四川东部。三峡，指瞿塘峡、巫峡、西陵峡。

【译文/点评】此言三峡绵长、两岸猿啼之声凄切，令人感伤。

白鹭行时散飞去，又如雪点青山云。

【注释】出自唐·李白《泾溪东亭寄郑少府谔》。行时，排列成队飞行时。

【译文/点评】此以“雪点青山云”作比，写白鹭列队飞行后散开时的情形，既形象生动，又突出了白鹭颜色之白和飞行之高之远（“点”、“云”）。

白鸥自信无机事，玄鸟犹知有岁华。

【注释】出自元·赵孟頫《溪上》。无机事，指人捕鸟的心机。玄鸟，指燕子。犹，还。有岁华，指燕子春来报春。

【译文/点评】前句写白鸥盘旋而下与人亲近之景，后句写燕子春到即飞临人家之象。此句在写鸟自由自在的同时，也寄寓了自己本意不想为官却不得不做的悲苦之情。

遍青山啼红了杜鹃，荼蘼外烟丝醉软。

【注释】出自明·汤显祖《牡丹亭·惊梦》。杜鹃，花名，也为鸟名，即布谷鸟。荼蘼（tú mí），又写作“酴醿”，一种植物，属蔷薇科。烟丝，即游丝、晴丝，虫类吐出的丝，春天夏初飘浮在空中。醉软，像人醉后那样疲软无力。

【译文/点评】杜鹃啼叫声中杜鹃花开满了青山、游荡在晴空中的晴丝像醉汉一样疲软地落在酴醿花外。此写春日鸟鸣花开、酴醿着丝的景象。

补巢衔罢落花泥，困顿东风倦翼低。

【注释】出自元·谢宗可《睡燕》。

【译文/点评】此写燕子衔着落满花瓣的春泥补好了自己的暖巢，而困倦得连东风也鼓不起它的翅膀，只得飞得很低的情景。虽是平常写景，却借助拟人修辞法，将燕子人格化，使其有人的困倦之感，从而生动形象地再现了燕子衔泥补巢的辛苦之状。

布谷一声春水生。

【注释】出自宋·李缯《晓步》。布谷，指布谷鸟，即杜鹃鸟。

【译文/点评】此言杜鹃鸣叫之始，便是春雨绵绵之时。

采得百花成蜜后，为谁辛苦为谁甜。

【注释】出自唐 · 罗隐《蜂》。

【译文/点评】此言蜜蜂采花酿蜜全为他人。在表面指责蜜蜂只知辛苦而不知享受的同时，却高度歌颂了蜜蜂无私高尚的品格。

苍鹰斜望雉，白鹭下看鱼。

【注释】出自北周 · 庾信《寒园即目》。雉（zhì），野鸡。

【译文/点评】此写苍鹰猎雉、白鹭捕鱼的情景，但不说“猎”、“捕”二字，而说“望”、“看”，使苍鹰、白鹭捕获猎物的行为化残忍而为温情，让人回味无穷。

草枯鹰眼疾，雪尽马蹄轻。

【注释】出自唐 · 王维《观猎》。

【译文/点评】此写雪后将军策马纵鹰而猎的英武场面。

草色连云人去住，水纹如縠燕差池。

【注释】出自唐 · 杜牧《江上偶见绝句》。去住，来往。縠（hú），绉纱之类的丝织品。差（cī）池，参差。

【译文/点评】此写春日草色连天、人来人往、风生水起、燕飞参差的景象。

蝉噪林逾静，鸟鸣山更幽。

【注释】出自南朝梁·王籍《入若耶溪》。噪，指蝉鸣叫。逾，越、更。

【译文/点评】此写林静、山幽的境界，但却从蝉噪、鸟鸣的角度来写，这是以喧嚣反衬幽静的烘托之法，以动表静。因为偶尔的一两声蝉噪与鸟鸣虽能打破寂静的氛围，却更显出原本的清幽之境。这是诗人深谙动静辩证法的表现，也是最善于表现幽静境界的手笔。

巢居觉风飘，穴处识阴雨。

【注释】出自晋·张华《情诗五首》之五。

【译文/点评】在林中筑巢安居的鸟类能够察觉风之将临，在洞穴中安身的兽类则对降雨敏感。此言长期生活在特定环境中就有特定的感知能力。

出自幽谷，迁于乔木。

【注释】出自先秦《诗经·小雅·伐木》。幽谷，深谷。乔木，大树。

【译文/点评】鸟儿本出幽静谷，一飞高栖大树巅。这虽是纯粹的写景之句，但是它所具有的意象，使它成为后代生动的隐喻，喻指人要有所进取，就要选择环境。今日我们说别人搬家，常常以“乔迁”言之，即源于此句。

初生牛犊不怕虎。

【注释】出自明·罗贯中《三国演义》第七十四回引俗语。犊（dú），小牛。

【译文/点评】此言刚出生的小牛不知道老虎的厉害而有畏惧之心，常用以形容年轻人没有太多世故、敢作敢为的冲劲。

穿花蛱蝶深深见，点水蜻蜓款款飞。

【注释】出自唐·杜甫《曲江二首》。蛱（jiá）蝶，蝴蝶的一种，翅有鲜艳的色斑。款款，缓慢的样子。

【译文/点评】此写蝴蝶飞于繁花之中、蜻蜓戏于水面之上的春日景象。“深深”状花丛神秘之貌，“款款”写蜻蜓悠闲之状，皆是叠字修辞法的运用，使所写之景形象生动、状溢眼前。

垂緌饮清露，流响出疏桐。居高声自远，非是藉秋风。

【注释】出自唐·虞世南《蝉》。緌（ruí），下垂的帽带。垂緌，此指蝉下垂的触须。流响，指蝉声。藉，借助。

【译文/点评】前两句写蝉餐风饮露、声传于疏桐之外的情景。后二句借此而评论，表面是说蝉声传远不是借秋风之力，实则借物写人，强调人有令名不是靠别人吹捧，而是源自本身的高尚品德。

春禽处处讲新声，细草欣欣贺嫩晴。

【注释】出自宋·杨万里《春暖郡圃散策三首》之一。嫩晴，初晴。

【译文/点评】此以拟人修辞法，将春禽、细草人格化，使其带有人的生命情态（春禽“讲新声”、细草“欣欣”“贺嫩晴”），从而形象生动地写出雨后初晴、处处啼鸟、满目碧草的春日景象。

春禽得意千般语，涧草无名百种香。

【注释】出自宋·陈丕《残句》。

【译文/点评】此以拟人修辞法，将春禽人格化，使其带有人的生命情态（“得意”），从而将平常写景艺术化，生动形象地再现了鸟鸣婉转、百草飘香的春日景象，表达了诗人对春天来临的欣喜之情（表面说春禽得意，实际是诗人自己得意）。

春水初生乳燕飞，黄蜂小尾扑花归。

【注释】出自唐·李贺《南园十三首》。

【译文/点评】此写雏燕初飞、黄蜂扑花的春日景象。

促织甚微细，哀音何动人。

【注释】出自唐·杜甫《促织》。促织，即蟋蟀。

【译文/点评】此言蟋蟀叫声不大，而声音凄切悲凉。

大鹏一日同风起，抟摇直上九万里。

【注释】出自唐·李白《上李邕》。同风，随风。抟摇直上，此指冲天而起。

【译文/点评】此写大鹏随风而起、一飞冲天的气势，乃化自于《庄子·逍遥游》中的名句“鹏之徙于南冥也，水击三千里，抟扶摇而上者九万里”。

丹鸡被华采，双距如锋芒。愿一扬炎威，会战此中唐。

【注释】出自汉 · 刘桢《斗鸡诗》。丹鸡，指斗鸡。被，披。华采，指斗鸡五彩绚丽的羽毛。双距，指斗鸡的两只脚爪。锋芒，刀锋箭芒。愿，希望。炎威，高涨的威风。中唐，指中庭，即斗鸡的场所。

【译文/点评】此写斗鸡不同凡响的外形与不可一世的好斗气势。

稻熟江村蟹正肥，双螯如戟挺青泥。

【注释】出自明 · 徐渭《题螃蟹诗》。螯（áo），螃蟹等节肢动物的第一对脚，像钳子，能开合，能取物。戟（jǐ），古代的一种兵器，长杆上附有月牙状的利刃。挺，拔、拔出。

【译文/点评】此写稻子成熟之时江村蟹肥、双钳如戟拔出青泥的情状。

稻田水浅鱼能几，莫被泥沙污雪衣。

【注释】出自宋 · 赵希崱《白鹭鸶》。雪衣，指洁白的羽毛。

【译文/点评】此言稻田水浅不会有太多的鱼，不要没捉到鱼反而弄脏了洁白的羽毛。引申运用，则有劝人切莫为了小利而污损了人格之意。

地迥鹰犬疾，草深狐兔肥。

【注释】出自唐 · 崔颢《古游侠呈军中诸将》。迥（jiǒng），远。疾，快。

【译文/点评】此写秋天鹰犬猎狐兔的情景。

蝶翎朝粉尽，鸦背夕阳多。

【注释】出自唐·温庭筠《春日野行》。

【译文/点评】此写蝴蝶飞到傍晚翅粉即将褪尽，乌鸦沐浴夕阳余晖而归巢的景象。

蝶散余香在，莺啼半树空。

【注释】出自唐·李建勋《金谷园落花》。半树空，指花落将尽。

【译文/点评】此言蝴蝶飞去之时花香犹在，黄莺啼鸣之时花落殆尽。

独鹤归何晚，昏鸦已满林。

【注释】出自唐·杜甫《野望》。

【译文/点评】此写孤鹤晚归、乌鸦满林的黄昏景象。

独怜幽草涧边生，上有黄鹂深树鸣。

【注释】出自唐·韦应物《滁州西涧》。

【译文/点评】此写溪边幽草随意生、树上黄鹂自在鸣的景象，表现的是一种幽静自然的境界。

鹅鸭不知春去尽，争随流水趁桃花。

【注释】出自宋·晁冲之《春日》。趁，追逐。

【译文/点评】此写落花随流水、鹅鸭争追逐的春日景象。

伐木丁丁，鸟鸣嘤嘤。

【注释】出自先秦《诗经·小雅·伐木》。丁丁，伐木之声。嘤嘤，鸟鸣之声。

【译文/点评】伐木于山声丁丁，鸟鸣嘤嘤相和鸣。此二句之妙在于以摹声修辞法写出伐木与鸟鸣之声，让人有一种如闻其声的亲历感，堪称远古时代的名句。

翻空白鸟时时见，照水红蕖细细香。

【注释】出自宋·苏轼《鹧鸪天》词。蕖（qú），荷花。

【译文/点评】此写白鸟翩翩飞于天空、映水红莲暗香浮动的景象。叠字“时时”与“细细”，前者表现鸟飞的频率，后者强调荷香的清淡。

翡翠鸣衣桁，蜻蜓立钓丝。

【注释】出自唐·杜甫《重游何氏五首》。翡翠，指翡翠鸟。桁（héng），檩子。衣桁，即衣架。钓丝，钓鱼竿上的丝线。

【译文/点评】此写鸟鸣于衣架、蜻蜓立于钓丝的景象，突出表现的是其与人相亲的形象。

风翻白浪花千片，雁点青天字一行。

【注释】出自唐·白居易《江楼晚眺景物鲜奇吟玩成篇寄水部张员外》。字一行，雁飞成阵，或成“人”字形，或作“一”字形。

【译文/点评】风吹白浪，犹如花朵千片；雁飞高空，远望好像一个小点；雁飞成行，就像空中文字一行。此写风吹浪花起、雁阵如字高空上的景象。

风急天高猿啸哀，渚清沙白鸟飞回。

【注释】出自唐·杜甫《登高》。渚（zhǔ），水中间的小块陆地。

【译文/点评】此写天高风急、猿鸣声哀，洲清沙白、白鸟盘旋的秋日景象。

风轻粉蝶喜，花暖蜜蜂喧。

【注释】出自唐·杜甫《敝庐遣兴奉寄严公》。

【译文/点评】此写微风轻拂、蝴蝶翻飞，日暖花开、蜜蜂嗡嗡的景象。

蜂蝶纷纷过墙去，却疑春色在邻家。

【注释】出自唐·王驾《雨晴》。

【译文/点评】此写蜂、蝶逐花的春日景象。

凤凰集南岳，徘徊孤竹根。于心有不厌，奋翅凌紫氛。

【注释】出自汉·刘桢《赠从弟三首》其三。集南岳，指传说中的神鸟凤凰生长于南方的丹穴山。不厌，不足。凌，飞。紫氛，指九天云霄。

【译文/点评】此写凤凰栖、食不同于凡鸟的生活习性，以及它鄙弃“鸟为食亡”之俗，不满足于“竹实”之食，展翅凌云，一飞冲天的形象，意在鼓励堂弟要振作向上，要有绝世超俗的高远之志。因此，此句对所有有志之士都是具有励志作用的。

凤凰鸣矣，于彼高冈；梧桐生矣，于彼朝阳。

【注释】出自先秦《诗经·大雅·卷阿》。矣，句末语气助词。此作句中语气助词，帮助停顿。于，在。朝阳，向南的一面。

【译文/点评】凤凰鸣叫于高冈，梧桐生长只向阳。此乃赞颂凤凰与梧桐的高洁和与众不同的品格。

孤飞一片雪，百里见秋毫。

【注释】出自唐·李白《观放白鹰二首》。一片雪，指白鹰颜色如雪。秋毫，指鸟兽秋天新长出的细毛。

【译文/点评】此写白鹰独飞天上、羽毛如雪、秋添细毛的情景。前句是比喻，形容白鹰羽毛之白；后句是夸张，极写所长新毛之明显。由此，将白鹰的形象清晰地表现出来。

归鸦不带残阳老，留得林梢一抹红。

【注释】出自宋·真山民《晚步》。残阳老，指夕阳落山。林梢一抹红，指夕阳余晖映红林梢。

【译文/点评】此写鸦雀归巢、夕阳西沉、林梢带红的景象。

寒波淡淡起，白鸟悠悠下。

【注释】出自金·元好问《颍亭留别》。白鸟，指白鹭之类的鸟。

【译文/点评】此写河水泛微波、飞鸟盘旋下的景象，表现的是一种悠闲恬静的自然之趣。诗用叠字修辞法，以“淡淡”状寒波之色，以“悠悠”写白鹭慢慢盘旋而下之状，让人有一种如临其境之感。

好鸟迎春歌后院，飞花送酒舞前檐。

【注释】出自唐·李白《题东溪公幽居》。

【译文/点评】此写东溪公居所环境之幽雅。前句写鸟鸣于后院，是写动物，着眼于声音；后句写花飞于前檐，洒入酒中，是写植物，着眼于形态。前后配合，画面中便愈显丰富多彩，有声亦有色。

好是日斜风定后，半江红树卖鲈鱼。

【注释】出自清·王士祯《真州绝句》。鲈鱼，一种淡水鱼。体侧扁，鳞细，银灰色，背部和背鳍上有小黑斑，肉味鲜美。红树，指枫树，秋天枫叶变红。

【译文/点评】此写夕阳西下、秋风暂息，红叶映江、鲈鱼上市的秋日景象。

红鲤二三寸，白莲八九枝。

【注释】出自唐·白居易《草堂前新开一池养鱼种荷日有幽趣》。

【译文/点评】此写草堂前红鲤尚小、白莲初开的景象。“二三寸”，言鱼之小；“八九枝”，言白莲之疏。从对偶形式上看，“二三寸”对“八九枝”，都是数量词相对，极其工整。

鸿雁出塞北，乃在无人乡。举翅万余里，行止自成行。冬节食南稻，春日复北翔。

【注释】出自汉·曹操《却东西门行》。行止，此指飞行。

成行，雁飞成人字阵。复，又。

【译文/点评】以诗写雁的生活习性，全面而详尽，可谓难得也！

鸿雁归时水拍天，平冈老木尚寒烟。

【注释】出自宋·蔡肇《题画授李伯时》。鸿雁，大雁。归时，此指北雁南飞之时。尚，还是。寒烟，指绿叶茂盛。

【译文/点评】此言北雁南飞之际，南方还是秋水浩渺、老树叶茂之时。

狐狸驰赴穴，飞鸟翔故林。流波激清响，猴猿临岸吟。

【注释】出自汉·王粲《七哀诗三首》其二。驰，奔跑。翔，飞。吟，号叫。

【译文/点评】此写傍晚狐入穴、鸟归林、清波响、猴猿啼的山中景象。此种意象的描写，意在为下文感叹诗人久在异乡的悲情作铺垫。

花际徘徊双蛱蝶，池边顾步两鸳鸯。

【注释】出自唐·刘希夷《公子行》。蛱蝶，蝴蝶的一种。顾，回头看。

【译文/点评】此以拟人修辞法，将蛱蝶、鸳鸯人格化，使其带有人的生命情态（“徘徊”、“顾步”），从而生动地再现了蝴蝶双飞于花际、鸳鸯调情于池边的形象，给人以无限的联想。

花褪残红青杏小，燕子来时，绿水人家绕。

【注释】出自宋·苏轼《蝶恋花》词。花褪残红，指花落。

【译文/点评】此写花谢春水绿、杏青燕子来的春日景象。

黄莺久住浑相识，欲别频啼三五声。

【注释】出自唐·戎昱《移家别湖上亭》。浑，简直。频，屡次、连次。

【译文/点评】此以拟人修辞法，将黄莺人格化，使其带有人的生命情态（好像与自己相识、不忍与自己离别而频啼），从而借物写人，将自己移家离别湖上亭的难舍之情形象生动地表现出来，让人回味感动。

黄莺也爱新凉好，飞过青山影里啼。

【注释】出自宋·徐玑《新凉》。

【译文/点评】此以拟人修辞法，将黄莺人格化，使其带有人的生命情态（爱新凉），从而借物写人，表达出对天气新凉的喜悦之情。

几处早莺争暖树，谁家新燕啄春泥？

【注释】出自唐·白居易《钱塘湖春行》。

【译文/点评】二句之妙在于写出了江南地区从秋冬沉睡中复苏过来的春意，以及诗人初春季节转换时的乍喜之情。初春时节，物候的变化很多，但是，诗人却只选择莺鸣于树、燕啄新泥两个典型细节来写。“几处早莺争暖树”，以拟人修辞法，将莺人格化。“争暖树”既写出了莺的鲜活生命情态，也在表现莺的欣喜之情的同时，点出了一个早春的“早”（说“几处”而不言“处处”、言“谁家”而不说“家家”，都是暗寓“早”意）。

寂寞小桥和梦过，稻田深处草虫鸣。

【注释】出自宋·陈与义《早行》。和梦过，带着睡意走过。

【译文/点评】此写小桥寂寞、行人倦乏、稻禾正盛、虫鸣其中的夏夜景象。

蛱蝶飞来过墙去，却疑春色在邻家。

【注释】出自唐·王驾《雨晴》。蛱蝶，蝴蝶的一种。

【译文/点评】此写蝴蝶寻花而穿墙过邻的景象，表现的是一种春日的喜悦之情。

江头杨柳暗藏鸦，江上鹅儿浴浅沙。

【注释】出自宋·萧梅坡《清明日早出太平门》。

【译文/点评】此写鸦眠江头杨柳之上、鹅理羽毛于江上浅沙的景象。“藏”、“浴”二字，皆是拟人修辞法，将鸦、鹅人格化，从而突出表现了其亲切可爱的形象。

尽日无人看微雨，鸳鸯相对浴红衣。

【注释】出自唐·杜牧《齐安郡后池绝句》。红衣，指鸳鸯的彩色羽毛。

【译文/点评】此写微雨野外无人烟、鸳鸯水中理羽毛的情景。

近人积水无鸥鹭，时有归牛浮鼻过。

【注释】出自宋·黄庭坚《病起荆江亭即事十首》。

【译文/点评】此言鸥鹭畏人而不聚积于近人的水面，而只有归牛才露出鼻子浮过水面。

惊鸟排林度，风花隔水来。

【注释】出自唐·虞世南《春夜》。排林，穿过树林。

【译文/点评】此写春夜鸟受惊动飞过树林、风飘花香隔水而来的景象。

惊起鸳鸯岂无恨，一双飞去却回头。

【注释】出自唐·杜牧《入茶山下题水口草市绝句》。恨，憾、遗憾。

【译文/点评】此写无意间惊走鸳鸯的遗憾之情。后句以拟人修辞法，将鸳鸯人格化，使其带有人的生命情态（留恋地回头看），从而化平淡为生动，写出了鸳鸯对其栖息之地不忍离去的生动形象。

娟娟戏蝶过闲幔，片片轻鸥下急湍。

【注释】出自唐·杜甫《小寒食舟中作》。娟娟，指姿态美好的样子。幔，挂在屋内的帐幕。急湍（tuān），指急流。

【译文/点评】此写蝴蝶翩翩飞过帐幕，鸥鸟轻盈飞下急流的景象。前句用叠字“娟娟”，写蝴蝶飞动从容不迫的情状，与“闲”相呼应；后句用叠字“片片”，状鸥鸟如树叶飘落般轻盈飞下的身姿，与“轻”呼应。

孔雀东南飞，五里一徘徊。

【注释】出自汉·无名氏《孔雀东南飞》。

【译文/点评】以孔雀徘徊不进比喻刘兰芝被婆母休归时那种对家与丈夫的依依不舍之情，既形象又令人感动。

狂随柳絮有时见，舞入梨花何处寻。

【注释】出自唐·谢学士《咏蝴蝶》。

【译文/点评】此写蝴蝶穿花入柳、上下翻飞的生动形象。

兰溪三日桃花雨，半夜鲤鱼来上滩。

【注释】出自唐·戴叔伦《兰溪棹歌》。兰溪，在今浙江兰溪县西南。桃花雨，指桃花开时的多雨时节。

【译文/点评】此写桃花开时雨水足、鲤鱼半夜上浅滩的情景与季候特征。

凉风绕曲房，寒蝉鸣高柳。

【注释】出自晋·陆机《拟明月何皎皎》。

【译文/点评】时届初秋，凉风乍起，蝉鸣高柳，时带寒切之声。此乃以哀景写诗人久客他乡的思归之情。

梁燕不知人事改，雨中犹作一双飞。

【注释】出自宋·郑文宝《阙题》。梁燕，指房梁上的燕子。犹，还。

【译文/点评】朝代的更迭、人事的变动，燕子并没察觉，它们一如往常，仍然成双作对快乐地在雨中飞翔。此乃以燕子对人事改变的迟钝感觉反衬人之敏感，从而表现诗人睹物伤怀的历史沧桑感。

两个黄鹂鸣翠柳，一行白鹭上青天。

【注释】出自唐 · 杜甫《绝句四首》其三。

【译文/点评】前句写近景，后句写远景。远近结合，将阳春三月晴空万里、一碧如洗、鸟语花香、万物复苏、生机盎然的自然之趣如画般地展现出来，让人睹物感时，心生欣悦之情。“黄鹂”、“白鹭”是动物，“翠柳”是植物，“青天”是背景，“鸣”是声音，“上”是动作，动静结合，画面非常丰富；“黄”、“翠”、“白”、“青”四个颜色词的运用，则给这幅春天的风景画别添了鲜艳绚丽的色彩感。

两两三三白鸟飞，背人斜去落渔矶。

【注释】出自元 · 杨载《宿浚仪公湖亭》其二。白鸟，指白鹭之类的鸟。矶，江河边上突出的岩石。渔矶，指渔人垂钓之处。

【译文/点评】此写白鹭悠闲翻飞的景象。“两两三三”，既是写鸟的数量，更是写鸟飞的悠闲之状，不然何以能数得清？“背人斜去”，看是写鸟儿怕人而飞去，实是写鸟儿不畏人而逗人（“斜飞”）的情景。由此，便通过鸟之悠闲可爱的情态巧妙地写出了诗人回归自然、轻松愉快的心情。

林莺啼到无声处，青草池塘处处蛙。

【注释】出自宋 · 曹豳《春暮》。

【译文/点评】此写黄莺已老、林中无声，池塘草青、蛙声四起的春末夏初景象，同时也由此指明春暮夏到的季候特征：黄莺已老、青蛙活跃。

留连戏蝶时时舞，自在娇莺恰恰啼。

【注释】出自唐·杜甫《江畔独步寻花七绝句》之六。恰恰，指莺叫婉转动听之声。

【注释/点评】此写蝶戏花枝、流连翻飞，莺啼树上、婉转娇啼的早春景象。

柳花还漠漠，江燕正飞飞。

【注释】出自唐·韩愈《送李六协律归荆南》。漠漠，寂静无声的样子。

【译文/点评】此写初春时节江燕翻飞、柳花飘舞的景象。“漠漠”与“飞飞”，皆是叠字，前者状柳花飘落无声之貌、后者写江燕翩翩而飞之状。

柳梢听得黄鹂语，此是春来第一声。

【注释】出自元·杨载《到京师》。

【译文/点评】此言柳梢头第一声黄鹂之鸣，便是春天到来的象征。

鹭飞林外白，莲开水上红。

【注释】出自隋·杨广《夏日临江》。

【译文/点评】此写白鹭飞于林外、红莲开于水上的夏日景象。天水相映、红白相衬的画面，使诗句所构拟的意境非常高远，气象非常阔大，但又不失悠然闲适的情致。

露浓山气冷，风急蝉声哀。

【注释】出自隋·杨广《悲秋诗》。

【译文/点评】此以露浓、山寒、风急、蝉鸣等为着笔点，以点带面，描绘了一幅露浓风凉、蝉声凄切、万物肃杀的图景。

露湿鸥衣白，天光雁字青。

【注释】出自清·王猷定《螺川早发》。鸥衣，鸥鸟的羽毛。雁字，指大雁飞行所形成的“人”字形队阵。

【译文/点评】此写秋日清晨鸟宿洲上羽毛湿、雁飞长空队阵齐的景象。“露湿”、“雁”都暗中交代了节候；“鸥衣白”、“雁字青”，则暗写出清晨的时间点，表意含蓄，令人回味无穷。同时“鸥衣白”与“雁字青”相对，对仗非常工整，色彩对比也非常鲜明，使诗句别添了一种音乐美与色彩美。

露重飞难进，风多响易沉。

【注释】出自唐·骆宾王《在狱咏蝉》。

【译文/点评】露水太重，飞行很难往前；秋风太劲，清越之音很难激扬。此以蝉的遭遇自喻其身世，表达了诗人遭谗被诬、大志难伸的悲愤之情。

绿遍山原白满川，子规声里雨如烟。

【注释】出自宋·翁卷《乡村四月》。山原，山和原野。白，此指春水。子规，杜鹃鸟，俗称布谷鸟。

【译文/点评】此写乡村四月山原浓绿、春水满川、杜鹃声声、细雨如烟的景象。

乱鸦毕竟无才思，时把琼瑶蹴下来。

【注释】出自宋 · 辛弃疾《鹧鸪天》词。琼瑶，比喻积雪。蹴（cù），踢、踩。

【译文/点评】此写乱鸦积聚梅树之上，将枝上积雪踏下的景象。说乱鸦“无才思”，是拟人修辞法，通过对众鸦乱踏梅花枝头雪行为的指斥，以此表现词人对梅枝积雪的欣赏之情。

乱鸦投落日，疲马向空山。

【注释】出自唐 · 刘长卿《恩敕重推使牒追赴苏州次前溪馆作》。

【译文/点评】此写夕阳西下、群鸦归林，疲惫之马、犹过空山的情景。意在强调旅人的辛苦。

马疾过飞鸟，天穷超夕阳。

【注释】出自唐 · 岑参《武威送刘单判官赴安西行营便呈高开府》。天穷，天远。

【译文/点评】此言马行快于飞鸟，夕阳仿佛是在天空之外。此乃以夸张修辞法，极写马行的飞快与夕阳遥远的景象。

朦胧数点斜阳里，应是呢喃燕子归。

【注释】出自宋 · 左纬《春日晚望》。斜阳，夕阳。呢喃，此指燕子的叫声。

【译文/点评】夕阳西下，天空中远远看到几个朦胧的黑点，听其呢喃之声，应该是燕子归来了。此写长空夕阳燕子归的景象。

明月皎夜光，促织鸣东壁。

【注释】出自汉·无名氏《明月皎夜光》。皎，洁白明亮。促织，蟋蟀。

【译文/点评】以皎洁明亮的月光反衬促织清夜的独鸣，益见其夜之清寂。

螟蛉有子，蜾蠃负之。

【注释】出自先秦《诗经·小雅·小宛》。螟蛉（míng líng），是一种绿色小虫。蜾蠃（guǒ luǒ），一种寄生蜂。负，背。之，指螟蛉的幼虫。

【译文/点评】螟蛉生幼子，蜾蠃背着它。此言螟蛉生子、蜾蠃养护的生活习性。其实，这是古人的一种误解。古人认为蜾蠃不能生子，便背着螟蛉的幼虫回去养护。其实大错特错，蜾蠃背着螟蛉之子回去是为了喂养自己的幼蜂。汉语中有一个词语“螟蛉之子”，意指义子，就是根据这句诗将错就错而来的。

莫倚高枝纵繁响，也应回首顾螳螂。

【注释】出自唐·陆龟蒙《闻蝉》。莫，不要。纵繁响，纵情地鸣叫。顾，回头看。

【译文/点评】此言蝉只知纵情高鸣于高枝之上，而不考虑还有螳螂可能隐蔽其后而捕之的危险。引申之，也可以表达这样一个意思：一个人不要自命清高，自以为得意，还得防止小人背后陷害。

漠漠水田飞白鹭，阴阴夏木啭黄鹂。

【注释】出自唐·王维《积雨辋川庄作》。漠漠，广远空濛的样子。水田，指积水的平野。阴阴，指茂盛幽深的样子。夏木，夏天的树木。啭（zhuàn），鸟婉转地叫。黄鹂，即黄莺。

【译文/点评】此写夏日鹭飞于水田之上、莺啼于树荫之间的娴静景象。前句写鹭飞，是取形态；后句写鹂啼，是取声音。如此形声结合，画面遂由此生动起来。鹭为白色，鹂为黄色，如此黄白交映，画面色彩顿时丰富起来。“漠漠”、“阴阴”两个叠字的运用，一写水田的广阔与空濛，一写夏木的茂盛与幽深。前者使诗句所书写的画面显得意象开阔，后者则使画面意象显得幽深。如此配合，遂使画面意象既有广度又有深度。此二句乃千古名句，众所周知。但是，它也是渊源有自的，是化用唐人李嘉祐“水田飞白鹭，夏木啭黄鹂”二句而来。为此，唐人李肇批评王维“好取人文章嘉句”（《国史补》卷上）。但是，“漠漠”、“阴阴”两个叠字的增添，还是相当成功的。因此，前人多持赞赏的态度。如宋人叶梦得评论说：“此两句好处，正在添‘漠漠’、‘阴阴’四字，此乃摩诘为嘉祐点化，以自见其妙。如李光弼将郭子仪军，一号令之，精彩百倍。”（《石林诗话》卷上）静言思之，确是中肯之论。从修辞学的角度看，这是仿拟修辞法，有一种点铁成金、化腐朽为神奇的表达效果。

暮猿啼处三声绝，寒雁归时一叶秋。

【注释】出自唐·陈润《客舍石己山渡行》散句。

【译文/点评】此以猿啼、雁叫、叶落等秋天特有的景象为着笔点，以点带面，描写秋天给人带来的萧飒、萧条之感。前句写猿声之悲哀，后句言北雁南归、一叶知秋的季候特征。

泥融飞燕子，沙暖睡鸳鸯。

【注释】出自唐·杜甫《绝句二首》。

【译文/点评】此写春天泥融土湿，燕子归来衔泥筑巢；天暖日丽，鸳鸯双睡于沙洲的景象。

鸟飞村觉曙，鱼戏水知春。

【注释】出自唐·王勃《仲春郊外》。

【译文/点评】天将拂晓，鸟飞于村前村后；春天将到，鱼戏于水中更欢。此言鸟比人更早起，鱼比人对春天更敏感。

鸟飞千点白，日没半轮红。

【注释】出自唐·白居易《彭蠡湖晚归》。

【译文/点评】此写日落鸟飞的情景。“千点白”，是夸张修辞法，写鸟多，飞得极高。“半轮红”，写夕阳半露半沉的情状。鸟白与日红，在颜色上形成对比，使画面显得丰富而鲜明。

鸟飞云水里，人语橹声中。

【注释】出自宋·陈师道《泛淮》。

【译文/点评】此写鸟飞云间，而倒映于水中；舟行水上，橹声伴着人声的景象，表现的是一种泛舟淮水之上的轻松快乐之情。

鸟归沙有迹，帆过浪无痕。

【注释】出自唐·宋之问《江亭晚望》。

【译文/点评】此写鸟飞天外，沙上有其足迹；舟船远去，水面渐趋平静的景象。“沙有迹”，写沙上之鸟迹，意在让人由此而想到鸟儿冲天飞去的形象；“浪无痕”，写水面的平静，意在让人追想舟行乘风破浪的情景。同时，“沙有迹”与“浪无痕”在形式上构成严格的对仗，也给诗句增添了几许的韵律美感。

鸟声云里出，树影浪中摇。

【注释】出自南朝陈·江总《侍宴玄武观》。

【译文/点评】此写鸟飞云里、树映水中的景象。“云里出”，言鸟飞得高，看不见鸟，只听到云里传出的鸟声。“浪中摇”，言树映于水中的情状，不直接写树，而透过水中倒影写树，遂将水树融为一体，给人留下更多想象空间。

鸟宿池边树，僧敲月下门。

【注释】出自唐·贾岛《题李凝幽居》。

【译文/点评】此二句本是平常的写景叙事：鸟儿夜宿池边之树，老僧借宿月下敲门。只是由于它有一个典故，故在历史上特别有名。据说有一次贾岛骑驴赶路，忽得“鸟宿池边树，僧敲月下门”二句，颇为得意。但是，对于是用“推”还是“敲”字犹豫不决。一边走一边想，结果驴冲京兆尹（即京师最高行政首长）韩愈。韩愈得知原委，寻思良久，觉得用“敲”更好。由此，中国文坛就多了一个“推敲”佳话与典故。其实，这两句之所以出名，也不完全是因为有这个典故的原因，而是从表达效果看，确实写得好。简单地说有两点：一是对仗工整，是“对偶”中的“工对”，视听效果都非常好；二是“敲”字确实用得好，它带有“力轻而清脆”的意象特征，在月夜中显得尤其响亮，符合月夜敲门的生活常情。用“推”字，则既不见响声，又显得鲁莽，不符合生活常理。同时，也只有“敲”出响声，才能惊动池边树上的宿鸟，由此推出“鸟宿池边树”的结论，不然前句就显得不合常理：晚上何以能看见树上有鸟？只有惊出了鸟，才知树上有鸟。

鸟向檐上飞，云从窗里出。

【注释】出自南朝梁·吴均《山中杂诗三首》之一。

【译文/点评】此写山中居所位置之高。

鹏之徙于南冥也，水击三千里，抟扶摇而上者九万里。

【注释】出自先秦《庄子·逍遥游》。之，放在主谓语之间，取消句子的独立性。徙（xǐ），迁移。冥，通“溟”，海。也，句中语气助词，帮助停顿。抟（tuán），此指旋转。扶摇，指旋风。

【译文/点评】大鹏迁移于南海，拍击水浪三千里，掀起旋风而冲天直上，高达九万里。此写大鹏展翅飞翔、冲天而起的气势。当然，这只是庄子想象中的大鹏形象。

翩翩过雁摩晴汉，隐隐孤帆趁落霞。

【注释】出自宋·贝守一《冬晴晚步》。翩翩，此指轻盈的样子。摩，接近、迫近。晴汉，晴空。隐隐，遥远而不清楚的样子。趁，此指追逐。

【译文/点评】此写秋日黄昏时分所见雁飞长空、孤帆逐霞的景象。

翩翩新来燕，双双入我庐。

【注释】出自晋·陶渊明《拟古九首》。庐，房屋。

【译文/点评】此写春天新燕翩翩翻飞、双双入室的景象。

飘然快拂花梢，翠尾分开红影。

【注释】出自宋·史达祖《双双燕》词。拂，轻轻擦过。翠尾，指燕子的尾巴。红影，指红花。

【译文/点评】此写燕子快速从花间飞过，尾巴不经意间将花朵分开的景象。

平冈细草鸣黄犊，斜日寒林点暮鸦。

【注释】出自宋·辛弃疾《鹧鸪天》词。犊（dú），小牛。

【译文/点评】此写平冈草细、夕阳西下、小牛鸣叫、寒鸦归林的晚景。

萍散鱼时跃，林幽鸟任歌。

【注释】出自唐·张说《湘州北亭》。

【译文/点评】此写鱼跃水中浮萍散、林木幽静鸟鸣欢的景象。

潜鱼跃清波，好鸟鸣高枝。

【注释】出自三国魏·曹植《公宴》。

【译文/点评】此写鱼跃鸟鸣之景，一上一下，交相辉映，皆可见声。

羌管一声何处曲，流莺百啭最高枝。

【注释】出自唐·温庭筠《题柳》。羌（qiāng）管，即羌笛，古代中国西北少数民族的一种形似笛子的吹奏乐器。流莺，飞莺。啭（zhuàn），鸟婉转地叫。

【译文/点评】此写莺啼婉转高枝上、动听如同吹羌笛的早春情景。

蔷薇乱发多临水，鸂鶒双游不避船。

【注释】出自唐·刘禹锡《和牛相公游南庄醉后寓言戏赠乐天兼见示》。鸂鶒（xī chì），一种像鸳鸯一样的水鸟，俗称紫鸳鸯。

【译文/点评】此写花发临水、鸟亲游人的景象。前句写临水蔷薇生长之盛，而以“乱”表现之；后句写鸂鶒的可亲形象，以“双游”写其恩爱之情，以“不避船”写其可亲之态。

禽声沉远木，花影动回廊。

【注释】出自宋·希昼《书惠崇师房》。

【译文/点评】远树之中鸟声渐歇，唯有回廊之上映着摇动的花影。此写一种静谧安详的境界。

青鸟衔葡萄，飞上金井栏。美人恐惊去，不敢卷帘看。

【注释】出自唐·捧剑仆《诗》。

【译文/点评】此写鸟衔葡萄的情景与美人悦鸟的心情。

青松巢白鸟，深竹逗流莺。

【注释】出自宋·贺铸《临江仙》词。

【译文/点评】此写白鸟筑巢于青松之上、流莺欢唱于深竹之间的情景，表现的是一种自然恬淡的情趣。

清禽百啭似迎客，正在有情无思间。

【注释】出自宋·范成大《早发竹下》。清禽，此指清晨的鸟。百啭，指鸣叫极为动听。有情无思，有意无意。

【译文/点评】此言清晨的鸟声非常动听，好像是有意无意间在迎接客人。此乃以拟人修辞法将鸟人格化，使鸟带有人的生命情态（“迎客”、“有情无思”），从而化平淡为生动，将清晨鸟鸣这一平常情事艺术化，读之让人觉得趣味横生。

晴空一鸟渡，万里秋江碧。

【注释】出自唐·张祜《西江行》。

【译文/点评】此写鸟飞晴空、江阔水碧的景象，表现的气象非常阔大。以“一鸟渡”衬晴空，愈显晴空之大；以“万里”修饰秋江，是夸张修辞法，生动地再现了秋江清澈、水流绵长的景象。

晴丝千尺挽韶光，百舌无声燕子忙。

【注释】出自宋·范成大《初夏》。晴丝，即春夏飘浮于晴空中的游丝，乃为虫类所吐之丝。韶光，美好的光阴，此指春光。百舌，鸟名，立春后鸣叫，夏至后即停止叫声。

【译文/点评】此写初夏时节游丝飘飞、百舌鸣歇燕子忙的景象。“挽韶光”、“燕子忙”，乃是运用拟人修辞法将晴丝、燕子人格化，从而使所写景物更显生动形象。“挽韶光”的拟人写法，不仅生动形象，而且凸显了诗人对春日将去的留恋之情。

晴浴狎鸥分处处，雨随神女下朝朝。

【注释】出自唐·杜甫《夔州十绝句》之六。狎（xiá），亲近而不庄重，此指戏耍。神女，指巫山神女峰。传说神女与楚王相会，自谓“旦为朝云，暮为行雨”。

【译文/点评】此二句的正常语序应该是“晴浴狎鸥处处分，雨随神女朝朝下”，意谓晴天鸥鸟聚群水中戏浴，神女峰云雾缭绕、天天带来降水。前句写鸟戏于水的景象，后句写山云化雨的气候特点。

秋风起兮木叶飞，吴江水兮鲈正肥。

【注释】出自晋·张翰《思吴江歌》。兮，语气助词，相当于“啊”。

【译文/点评】此写秋风起、鲈鱼肥的节候特征。

泉清鳞影见，林密鸟声幽。

【注释】出自唐·崔翘《郑郎中山亭》。鳞，指鱼。幽，幽远。

【译文/点评】此写鱼游于清泉之里、鸟鸣于密林之中的景象。

犬吠寒烟里，鸦鸣夕照中。

【注释】出自唐·刘长卿《赠西邻卢少府》。吠（fèi），狗叫。

【译文/点评】此写夕阳西下、寒烟骤起、狗吠鸦鸣的晚景。

却绕井栏添个个，偶经花蕊弄辉辉。

【注释】出自唐·杜甫《见萤火》。

【译文/点评】此写萤火虫绕井而飞，影入井水之中，偶经花蕊而使其熠熠生辉的景象。

鹊飞惊叶散，萤远入烟流。

【注释】出自唐·钱起《裴迪南门秋夜对月》。

【译文/点评】此写秋夜之景：明月朗照，惊起林中夜宿之鹊；萤火点点，渐飞渐远，消失在茫茫夜雾之中。

鹊飞山月曙，蝉噪野风秋。

【注释】出自唐·上官仪《入朝洛堤步月》。月曙，指月亮西沉、天将拂晓。

【译文/点评】此写天色将明、山中鹊飞出林，秋风动野、树间蝉鸣不已的景象。

鹊乳先春草，莺啼过落花。

【注释】出自唐·王维《晚春严少尹与诸公见过》。

【译文/点评】喜鹊孵化在春草萌生之前，春花凋谢之后黄莺仍在啼鸣。此写鸟的习性。

日入群动息，归鸟趋林鸣。

【注释】出自晋·陶渊明《饮酒二十首》。群动息，指各种活动。趋，奔。

【译文/点评】此写夕阳西下、万籁俱静、倦鸟归林的晚景。

三春时有雁，万里少行人。

【注释】出自唐·王维《送刘司直赴安西》。三春，指暮春。时有，不时偶有。

【译文/点评】此写暮春时节野外无人、孤雁北返的情景。

沙头宿鹭联拳静，船尾跳鱼泼剌鸣。

【注释】出自唐·杜甫《漫成一首》。联拳，指鹭鸟群聚而眠的样子。泼剌，是指鱼跃水响的声音。

【译文/点评】此写鹭宿沙头、群聚而眠、悄无声息，鱼跃船尾、泼剌有声的情景。

山风起寒木，野雀乱秋榛。

【注释】出自南朝梁·柳恽《奉和竟陵王经刘瓛墓下》。榛（zhēn），一种落叶的乔木。

【译文/点评】此写秋风吹枯树、野雀乱林中的秋日景象。

舍南舍北皆春水，但见群鸥日日来。

【注释】出自唐·杜甫《客至》。舍，房屋。但，只。

【译文/点评】此写春日到处绿水荡漾、群鸥翻飞的景象。

数丛沙草群鸥散，万顷江田一鹭飞。

【注释】出自唐·温庭筠《利州南渡》。

【译文/点评】此写鸥散于沙草丛中、鹭飞于江田之上的景象。

霜禽欲下先偷眼，粉蝶如知合断魂。

【注释】出自宋·林逋《梅花》。合，应该。断魂，同销魂，形容极度的悲伤、愁苦或极度的快乐。

【译文/点评】严寒中的鸟儿想从空中飞落到梅枝上，先要偷看几眼梅花，要是蝴蝶知道鸟儿有此眼福，应该感到非常伤感。此以拟人修辞法，将霜禽、粉蝶人格化，使其带有人的生命情态（禽偷眼、蝶断魂），从而化平淡为生动，含而不露地再现了梅花美丽动人的形象。

水静鱼吹浪，枝闲鸟下空。

【注释】出自唐·赵嘏《越中寺居》。

【译文/点评】此写鱼儿游戏静水里、鸟离枝头飞空中的景象。

水深鱼极乐，林茂鸟知归。

【注释】出自唐·杜甫《秋野五首》。

【译文/点评】此写鱼儿欢乐地游于深水之中、鸟飞知倦而暮归于茂林的景象。同时，也以此生动地说明了鱼与水、鸟与林相互依存的密切关系。

素石何磷磷，水禽浮翩翩。

【注释】出自晋·成公绥《行诗》。素石，白石。何，何等。磷磷，水中现石之貌。翩翩，轻盈浮动之貌。

【译文/点评】白石出水，水鸟浮游，一动一静，构成了一幅生动的风景画。“磷磷”写河中白石之状，“翩翩”状水鸟浮水之态，形象生动。从声音角度看，两个叠字的运用，又使诗句别添了一种珠落玉盘的音律之美。

弹压西风擅众芳，十分秋色为伊忙。

【注释】出自宋·朱淑真《秋夜牵情六首》之一。弹压，征服。西风，秋风。擅，擅长，此指超过。众芳，众花。伊，它、他。

【译文/点评】此言桂花在众花都已凋谢之时迎风飘香，所有的秋色好像都是为它作陪衬。这是歌颂桂花独立西风、增色秋光之辞。

潭清疑水浅，荷动知鱼散。

【注释】出自唐·储光羲《钓鱼湾》。

【译文/点评】此写潭水清澈、鱼戏荷间的景象。

桃花细逐杨花落，黄鸟时兼白鸟飞。

【注释】出自唐·杜甫《曲江对酒》。时，时而。兼，与……一起。

【译文/点评】此写桃花随杨花而落、黄鸟与白鸟齐飞的春日景象。前句写植物，后句写动物。前句写地上，后句写空中。而且桃花的红色与鸟的黄、白之色也形成了色彩的对比。

由此诗所构拟的意象便更加阔大、画面便更加丰富多彩。

啼鸟歇时山寂寂，野花残处月苍苍。

【注释】出自唐·李绅《晏安寺》。

【译文/点评】此写宿鸟止啼、山静无声、野花凋零、月色苍茫的景象。“寂寂”与“苍苍”都是叠字，前者写山中寂静之状，后者状月色苍茫之貌。

啼鸟有时能劝客，小桃无赖已撩人。

【注释】出自宋·辛弃疾《浣溪沙》词。劝客，指鸟声动听，客人为之驻足倾听。无赖，指调皮。撩，指挑逗。

【译文/点评】此写鸟声动听、小桃喜人的春日景象。“劝客”、“无赖”、“撩人”，都是拟人修辞法，将鸟、桃人格化，以此突显其亲切可爱之貌。

啼鸟云山静，落花溪水香。

【注释】出自唐·戴叔伦《雨》。

【译文/点评】此写鸟鸣山更幽、花落溪水香的意境。

啼莺不管繁华歇，还带春风上柳条。

【注释】出自宋·许琮《隋堤用罗昭谏韵》。

【译文/点评】此言隋堤上的柳树仍在，柳树还是年年春天发芽，但隋朝的繁华已去，修隋堤、植杨柳的隋炀帝已经不在。这是感物伤怀之辞，其意是抒发“物是人非”的历史沧桑感。但诗人不直接这样写，而是以拟人修辞法，将黄莺人格化，使其带有人的生命情态（“不管”、“带春风”），从而化平淡为生动，形象地再现了隋堤之上春风吹绿了柳枝、黄莺在枝头歌唱的景象。

啼莺舞燕，小桥流水飞红。

【注释】出自元·白朴《天净沙·春》。飞红，飞花。

【译文/点评】此写春天莺啼燕舞、流水潺潺、小桥自横、落花飘飞的景象。后句由三个名词性词组叠砌而成，撇开语法与逻辑的规约与束缚，就像三个电影分镜头，画面感特别强，这是运用列锦修辞法的结果。

天花落不尽，处处鸟衔飞。

【注释】出自唐·綦毋潜《宿龙兴寺》。天花，即花。

【译文/点评】此写落花漫天舞、鸟衔落花飞的春日景象。

酴醾架上蜂儿闹，杨柳行间燕子轻。

【注释】出自宋·范成大《鹧鸪天》词。酴醾（tú mí），一种植物。

【译文/点评】此写蜜蜂喧闹于酴醾花中、燕子轻飞在杨柳枝间的春日景象。

万壑树参天，千山响杜鹃。

【注释】出自唐·王维《送梓州李使君》。

【译文/点评】此二句之妙，以示现修辞法，大胆地想象李使君即将赴任的梓州自然风光之美，让人为之神往不已。同时，“万壑”与“千山”的夸张表达，不仅加深了读者的印象，也在诗的对仗上构成了和谐工整的形式美感。从形象上看，前句写的是视觉，后句写的是听觉，视觉与听觉配合起来，便使诗句所创造的阔大气象与悠远气韵浑然一体，从而构成了一幅清雅无比的诗意图画。

万顷湖天碧，一星飞鹭白。

【注释】出白唐·皮日休《秋江晓望》。

【译文/点评】此写秋日水天一色、白鹭孤飞的景象。前句写阔大之象，后句高远之象。前句“万顷”突出了湖天之广阔，后句“一星”凸显出白鹭飞之高远。前句写“碧”，后名写“白”，由此不仅画面开阔，而且色彩也显得丰富。

微萤不自知时晚，犹抱余光照水飞。

【注释】出自宋·周紫芝《秋晚二绝》之一。犹，还。

【译文/点评】萤火虫不知道夏天已经过去，秋晚还闪耀着微弱的萤光飞于水上。此以拟人修辞法，将萤火虫人格化，使其带有人的生命情态（“自知”、“抱”），从而化平淡为生动，将秋夜飞动的萤火虫写得趣味横生。

维鹊有巢，维鸠居之。

【注释】出自先秦《诗经·召南·鹊巢》。维，句首语气词。鹊，喜鹊。鸠，即鸤（shī）鸠，也叫布谷鸟。居，居住。

【译文/点评】喜鹊一枝一草筑成巢，鸤鸠欢欢喜喜来居住。这是以鹊筑巢、鸠居住的自然天性比喻男娶女嫁、男子筑室迎娶女子入住的正当性。后代由此语衍化而成的成语“鸠僭鹊巢”、“鸠占鹊巢”，其意多比喻安享其成或强占他人之所有，带有贬义色彩。

无端陌上狂风起，惊起鸳鸯出浪花。

【注释】出自唐 · 刘禹锡《浪淘沙九首》。陌，田间小路。陌上，此指平地。

【译文/点评】此写平地风陡起、惊起鸳鸯飞的情景。

无数蜻蜓齐上下，一双鸂鶒对沉浮。

【注释】出自唐 · 杜甫《卜居》。鸂鶒（qī chì，又念 xī chì），一种水鸟，又叫紫鸳鸯。

【译文/点评】此写蜻蜓满天飞、鸳鸯河中戏的情景。

五更疏欲断，一树碧无情。

【注释】出自唐 · 李商隐《蝉》。疏，指蝉声力竭。

【译文/点评】此写蝉鸣一夜、树碧依旧的情景。诗以拟人修辞法，将树人格化，说蝉鸣一夜，声嘶力竭，而树绿如故，毫不领情，不为所动。由此，平常的叙事顿时显得生动形象起来，大有化平淡为神奇的力量。

西风吹堕红蕖里，照见鸳鸯自在眠。

【注释】出自清 · 安期《流萤词》。蕖（qú），荷花。

【译文/点评】此写鸳鸯双眠于秋荷之中，忽被一阵秋风吹落而扰了清梦的情景。

西塞山前白鹭飞，桃花流水鳜鱼肥。

【注释】出自唐 · 张志和《渔歌子》。西塞山，在今浙江吴兴县西。桃花流水，指桃花花落之时。鳜（guì）鱼，现多写作“桂鱼”，是一种名贵的淡水鱼。

【译文/点评】此言白鹭群飞、流水逐花之时，正是吃鳜鱼的最佳时节。前句写山写鹭，有动有静，有绿有白；后句写桃花流水鳜鱼，都专注于动态描写，但有哀乐之分。桃花流水，让人伤感；鳜鱼正肥，则让人欢欣。前句写高写远，后句写低写深。因此这两句写景之作，意象极为阔大而深远，色彩也异常丰富。

西园一点红犹小，早被蜂儿知道。

【注释】出自宋·毛滂《调笑令》词。红，指花。

【译文/点评】此写花儿初开蜜蜂便来，言其对花的敏感。说“蜂儿知道”，这是拟人修辞法，意在使蜂人格化，使其带有人的生命情态，由此拉近人与蜂的距离，表达一种自然的天趣。

细雨鱼儿出，微风燕子斜。

【注释】出自唐·杜甫《水槛遣心二首》。

【译文/点评】此写细雨之中而鱼浮于水面、微风之时而燕飞于天空的春日景象。

香稻啄余鹦鹉粒，碧梧栖老凤凰枝。

【注释】出自唐·杜甫《秋兴八首》。

【译文/点评】此写鹦鹉啄稻粒、凤凰栖碧梧的景象。此二句正常的语序应该是：鹦鹉啄余香稻粒，凤凰栖老碧梧枝。但是，为了律诗的对仗，故改变了语序，这不但不影响句义的理解，反有一种对仗工整、新颖夺人的效果，让人过目不忘。

向前敲瘦骨，犹自带铜声。

【注释】出自唐·李贺《马诗二十三首》。

【译文/点评】此言敲打马骨而有铜铃般的声音，意在强调马骨之坚劲。

衔泥燕子迎风絮，得食鱼儿趁浪花。

【注释】出自宋·张震《鹧鸪天》词。趁，追逐。

【译文/点评】此写风吹飞絮、燕忙筑巢，鱼儿得食、戏逐浪花的暮春景象。

小丛初散蝶，高柳即闻蝉。

【注释】出自唐·薛能《惜春》。

【译文/点评】此言蝴蝶刚从花丛飞去，柳树之间便闻蝉声高鸣。意谓春去夏至，语带惜春之情。

小荷才露尖尖角，早有蜻蜓立上头。

【注释】出自宋·杨万里《小池》。

【译文/点评】此写荷叶初露水面、蜻蜓立于其上的情景。

晓来山鸟闹，雨过杏花稀。

【注释】出自唐·周朴散句。

【译文/点评】此写众鸟鸣山中、夜雨摧杏花的晨景。以“闹”写众鸟鸣叫的热闹情状，这是以拟人修辞法，将鸟人格化，使其带有人的生命情态，遂使平常的叙事顿显生动起来。

晓鸦无数盘旋处，绿树枝头一线红。

【注释】出自明·唐寅《晓起图》。晓鸦，指早上的乌鸦。一线红，指一抹朝霞。

【译文/点评】此写晓鸦盘旋、绿树霞映的夏日晨景。

行傍柳阴闻好语，莺儿穿过黄金缕。

【注释】出自宋·毛滂《蝶恋花》词。好语，指莺啼的美妙之音。黄金缕，指柳条嫩黄就像黄金之色。

【译文/点评】此写人行柳荫下、莺飞柳枝间，莺啼如奏乐、柳嫩似黄金的早春景象。

徐行不记山深浅，一路莺啼送到家。

【注释】出自明·杨基《天平山中》。徐行，慢走。

【译文/点评】此写天平山中到处莺啼而使人忘记山行疲劳的情景。“一路莺啼送到家”，以拟人修辞法让莺人格化，写出群莺之多情（“送到家”），从而形象地表现了人莺之间的亲切关系与诗人早春的欣喜之情。

烟柳蒙蒙鹊做巢，青青弱草带斜桥，莺声多在杏花梢。

【注释】出自宋·吕渭老《浣溪沙》词。蒙蒙，即朦朦，看不清的样子。弱草，指刚返青的嫩草。

【译文/点评】此写烟柳朦胧、嫩草青青、小桥斜立、鹊筑巢于柳中、莺啼于杏花枝头的早春景象。

烟添柳色看犹浅，鸟踏梅花落已频。

【注释】出自唐·戴叔伦《和汴州李相公人日喜春》。

【译文/点评】此写柳芽初吐、春色尚浅、鸟儿踏枝、梅花频落的早春景象。

檐前花覆地，竹外鸟窥人。

【注释】出自唐·祖咏《清明宴司勋刘郎中别业》。覆，盖。

【译文/点评】此写刘郎中别业（别馆）的优雅环境。“花覆地”，言其檐前花开之盛；“鸟窥人”，言鸟在竹外而不畏人。前句写静，后句写动；前句写植物，后句写动物。内容与形式上都对仗工整，读之不仅意境优美，而且音律上也悦耳动听。

燕外晴丝卷，鸥边水叶开。

【注释】出自唐·杜甫《春日江村五首》。晴丝，指春天晴朗天空中飞动的游丝。

【译文/点评】此写燕舞于晴丝之外、叶开于鸥鸟之边的春日景象。

燕知社日辞巢去，菊为重阳冒雨开。

【注释】出自唐·皇甫冉《秋日东郊》。社日，包括春社与秋社，是古代祭祀土地与谷神的节日，此指秋社。

【译文/点评】此写秋社时节北燕南飞、雨中菊开的景象。诗以拟人修辞法，将燕与菊人格化（“知社日”、“冒雨开”），拉近了人与自然的距离，顿使所写之景亲切有味。

燕子家家入，杨花处处飞。

【注释】出自唐·孟浩然《赋得盈盈楼上女》。

【译文/点评】此写春日到处燕舞花飞的情景。

野花丛发好，谷鸟一声幽。

【注释】出自唐·王维《过感化寺昙兴上人山院》。

【译文/点评】此写野花丛发、花红叶茂；鸟鸣山中、空谷更幽的春日之景。

野花成子落，江燕引雏飞。

【注释】出自唐·殷遥《春晚山行》。子，籽。雏（chú），幼鸟。

【译文/点评】此写山中野花结籽成熟、江上燕子引领幼鸟试飞的暮春景象，表现的是一种天然自在的情趣。

野禽喧曙色，山树动秋声。

【注释】出自北齐·萧悫《经山寺》。喧，喧哗。曙色，天色将明。

【译文/点评】此写秋日的早晨曙色初露、众鸟喧闹、秋风吹树、山谷传音的景象。

野戍孤烟起，春山百鸟啼。

【注释】出自北周·庾信《至老子庙应诏诗》。戍（shù），防守边疆。野戍，此指野地的营垒。烟，炊烟。

【译文/点评】此写旷野无人、孤烟上起、山林浓绿、百鸟齐鸣的春日景象。前句写哀景，后句写乐景，哀乐相衬，突出诗人面对老子庙而感时伤怀之情。

野猿疑弄客，山鸟似呼人。

【注释】出自唐·白居易《游宝称寺》。疑、似，此皆指“好像”之意。

【译文/点评】此写宝称寺鸟兽与人亲近的情状，表现的是一种人与自然的和谐景观。

夜深露湿簟，月出风惊蝉。

【注释】出自唐·岑参《送永寿王赞府径归县》。簟（diàn），竹席。

【译文/点评】此写夜深露浓、风月惊蝉的情景。

一寸二寸之鱼，三竿两竿之竹。

【注释】出自北周·庾信《小园赋》。

【译文/点评】此写小园之中鱼小、竹疏之景。“一寸二寸”，言鱼之小；“三竿两竿”，写园竹之疏。数量词相对仗，形式整齐，读来格外有味。

一雁下投天尽处，万山浮动雨来初。

【注释】出自清·查慎行《登宝婺楼》。

【译文/点评】此写风雨来临之前大雁投地避雨、万山雨中飘摇的景象。

饮马鱼惊水，穿花露滴衣。

【注释】出自唐·元稹《早归》。

【译文/点评】此写饮马河中、水清鱼惊，花露浓浓、穿花湿衣之景。

莺嘴啄花红溜，燕尾点波绿皱。

【注释】出自宋·秦观《如梦令》词。红溜，指花从莺嘴中滑落而下。绿皱，指燕尾点水激起水中涟漪。

【译文/点评】此写莺啄花飞落、燕尾掠水起涟漪的春日景象。

游蜂掠尽粉丝黄，落蕊犹收蜜露香。

【注释】出自宋·苏轼《王进叔所藏画跋尾·山茶》。掠，此指采。粉丝黄，指黄色的花心。犹，还。

【译文/点评】此写游蜂采花、落蕊不遗的情景。

鱼吹细浪摇歌扇，燕踏飞花落舞筵。

【注释】出自唐·杜甫《城西陂泛舟》。筵，筵席。

【译文/点评】此写鱼吹细浪、人摇歌扇，燕踏树枝、飞花落筵的春日景象。

鱼戏新荷动，鸟散余花落。

【注释】出自南朝齐·谢朓《游东田》。

【译文/点评】此写鱼戏池中荷叶动、鸟散枝头残花落的暮春景象。

鱼跃青池满，莺吟绿树低。

【注释】出自唐·李白《晓晴》。

【译文/点评】此写青池水满、鱼跃其中，绿树丛集、黄莺低吟的景象。

鱼在深泉鸟在云，从来只得影相亲。

【注释】出自唐·项斯《赠别》。

【译文/点评】此以鸟投影在水，将天上之鸟与水中之鱼联系起来，由此天上地下融为一体，水光鸟影与鱼互动，从而将画面写活，显得意蕴无穷。

雨中山果落，灯下草虫鸣。

【注释】出自唐·王维《秋夜独坐》。

【译文/点评】此写雨打树果落、入夜草虫鸣的秋夜景象。

浴鸟沿波聚，潜鱼触钓惊。

【注释】出自唐·祖咏《陆浑水亭》。

【译文/点评】此写鸟顺着波浪而聚浴、鱼触到钓钩而惊走的情景。

鸢飞戾天，鱼跃于渊。

【注释】出自先秦《诗经·大雅·旱麓》。鸢（yuān），鸷鸟名，即老鹰。戾（lì），至、到。渊，深水、深潭。

【译文/点评】老鹰悠悠飞在天，鱼儿跳跃在深渊。这是两千多年前的写景名句，动感极强，如诗如画，一派自然天趣，让人神往不已。

鸳鸯荡漾双双翅，杨柳交加万万条。

【注释】出自唐·白居易《正月三日闲行》。交加，指柳枝交错。

【译文/点评】此写鸳鸯双戏于水中、杨柳枝条纵横的景象。

远水白云度，晴天孤鹤还。

【注释】出自元·倪瓒《对酒》。

【译文/点评】此写白云浮于远水之上、孤鹤飞于晴空之中的景象。所写境界极其阔大，但阔大的背景之上只有一只孤鹤，对比中则使画面更显凄凉。

云开孤鸟出，浪起白鸥沉。

【注释】出自唐·朱庆余《留别卢玄休归荆门》。鸟，指白鸥。

【译文/点评】此写鸥鸟高飞冲天、搏击风浪的情景。

朝菌不知晦朔，蟪蛄不知春秋。

【注释】出自先秦《庄子·逍遥游》。朝菌，一种早上长而晚上死的菌类植物。晦，黑夜。朔，白天。蟪蛄，即蝉。蝉春生夏死，夏生秋死。春秋，指代一年。

【译文/点评】朝菌不知有白昼与黑夜之分，寒蝉不知有一年的概念，此言朝菌与寒蝉的生命非常短暂。引申之，也可比喻一个人见少识寡、孤陋寡闻。

蜘蛛虽巧不如蚕。

【注释】出自宋·胡仔《苕溪渔隐丛话》前集卷二十五《西清诗话》引宋人王禹偁语。

【译文/点评】此言蜘蛛虽然也能吐丝而织成精巧的网，但不及蚕吐丝能够给人带来衣被之益。

雉雊麦苗秀，蚕眠桑叶稀。

【注释】出自唐·王维《渭川田家》。雉（zhì），野鸡。雊（gòu），野鸡叫。

【译文/点评】此写麦苗青青野鸡鸣、桑树叶稀蚕正眠的春日景象。

中庭地白树栖鸦，冷露无声湿桂花。

【注释】出自唐·王建《十五望夜寄杜郎中》。

【译文/点评】此写霜洒中庭、露湿桂花、乌鸦栖树的秋夜景象。

众鸟高飞尽，孤云独去闲。

【注释】出自唐·李白《独坐敬亭山》。

【译文/点评】前句所写仰望鸟飞天外的景象，正是中国历代文人都非常欣赏的“目送归鸿，手挥五弦”（三国魏嵇康《四言赠兄秀才入军十八首之十四》）两境界之一，表现的是文人那种多愁善感、触景生情的情怀。后句以“拟人”修辞法将浮云人格化，使其具有人的生命情态（“孤”、“闲”），不露痕迹地表现了诗人对大自然与生活浓浓的热爱之情，由此水到渠成地导出下面直抒胸臆的两句：“相看两不厌，只有敬亭山。”

竹风声若雨，山虫听似蝉。

【注释】出自南朝梁·刘孝先《草堂寺寻无名法师诗》。

【译文/点评】风吹竹叶沙沙，犹如阵阵雨声；山虫鸣叫吱吱，好像僧人诵经之音。此以比喻修辞法写听虫鸣、竹风的感觉，形象生动，让人有如闻其声的感觉。

竹高鸣翡翠，沙僻舞鹍鸡。

【注释】出自唐·杜甫《绝句六首》之一。翡翠，一种鸟。鹍鸡，一种鸟。

【译文/点评】此写翡翠鸟鸣于竹林、鹍鸡戏于沙滩的景象，表现的是一派天然之趣。

竹里登楼人不见，花间觅路鸟先知。

【注释】出自唐·张谓《春园家宴》。

【译文/点评】此写竹掩小楼、鸟飞花丛的景象。前句言竹林茂密，后句言花繁遮路。

竹批双耳峻，风入四蹄轻。

【注释】出自唐·杜甫《房兵曹胡马》。批，削。峻，高而陡峭，此指马耳很尖的样子。

【译文/点评】双耳尖尖如竹削，四蹄奋奔起轻风。此写胡马耳尖如削、奔跑如飞的样子。

竹深喧暮鸟，花缺露春山。

【注释】出自唐·岑参《丘中春卧寄王子》。

【译文/点评】此写傍晚鸟鸣于竹林深处、春山映现于花间的景象。

竹香新雨后，莺语落花中。

【注释】出自唐·张籍《晚春过崔驸马东园》。

【译文/点评】此写新竹吐笋、落花飘香、春雨绵绵、莺啼阵阵的早春景象。

自来自去梁上燕，相亲相近水中鸥。

【注释】出自唐·杜甫《江村》。

【译文/点评】此写春日燕飞于梁上、鸥戏于水中的景象。